Abderrazak Mahri

DÉCOUVERTE DES CINQ PILIERS DE L'ISLAM

Éditions Maison d'Ennour

21, rue Moret – 75011 Paris
Tél.-: 01-43-38-77-32
Fax-: 01-43-38-27-12
www.maisondennour.com
e-mail : maisondennour@yahoo.fr

Dépôt légal : Premier trimestre 2015
ISBN 2-7524-0078-0

Introduction

L'islam est partout, tout le monde en parle, mais sans forcément et vraiment le connaître. On le connaît, on en parle par ouï-dire ou à travers des idées toutes faites et des images négatives que les faiseurs d'opinion en donnent au grès de leurs intérêts temporels, mercantiles, géopolitiques. Tant pis si la masse des gens n'arrive plus à faire le départ entre l'islam expliqué par les médias, la doxa et l'islam de la réalité, celui que des millions de musulmans, en France et ailleurs en Occident, essaient, nonobstant un climat de plus en plus tendu, de vivre paisiblement, sereinement.

Une frange de musulmans occidentaux ignore ce qu'est véritablement l'islam, son message, ses enseignements et notions élémentaires, ses finalités suprêmes, sa nature médiale, sa souplesse, ses priorités. Or son incompréhension l'entraîne à faire des Textes, et subséquemment de la réalité, de la société et des événements une lecture floue, voire extrême, pouvant mettre en danger le devenir de la communauté musulmane. Pour sûr que ce genre d'approche de l'islam sert les intérêts d'une certaine oligarchie intellectuelle, politique et financière qui voit en cette religion un trouble-fête et qui n'a pas l'intention de la laisser reprendre les rênes de la communauté de par le monde, et réformer l'homme, la société, la vie.

Dieu a suscité son Prophète Muhammad (ﷺ) comme miséricorde pour le monde entier. Il fera prévaloir Sa religion sur toutes les autres religions et idéologies, dussent les nouveaux fossoyeurs de l'humanité qui cherchent par tous les moyens à éteindre la lumière de Dieu, en concevoir du dépit.

Il est plus que jamais indispensable de comprendre le vrai sens de l'islam à l'aune de ses finalités et de ses principes suprêmes (*maqâ<u>s</u>id*), et de promouvoir sa spiritualité, son adéquation avec la nature primordiale, ses principes justes, son ouverture, car il est la trace authentique qui reste sur terre de la Révélation du Créateur de tout ce qui est en dehors de Lui, le Dieu d'Abraham, de Moïse, de Jésus et de Mu<u>h</u>ammad que la grâce et la paix de Dieu soient sur eux ainsi que sur l'ensemble des Prophètes et Messagers.

Le présent ouvrage est une invitation à découvrir les rudiments de l'islam, ce qui constitue ses piliers, ses fondamentaux.

Lorsque les gens venaient le voir pour s'informer au sujet de l'islam, l'Envoyé de Dieu (ﷺ) répondait : « L'*islâm* consiste à attester qu'il n'y a de dieu que Dieu et que Mu<u>h</u>ammad est Son Envoyé, à observer la prière, à acquitter l'aumône légale, à jeûner le mois du Rama<u>d</u>ân et à visiter la Maison sacrée (de La Mecque) pour qui en a la possibilité. »[1]

Il importe de commencer par là si l'on veut cheminer vers Dieu et L'adorer en connaissance de cause et en toute clairvoyance.

---

1 Rapporté par Muslim.

Chapitre 1

Qu'est-ce que l'Islam ?

L'islam est l'ultime rappel du Message que les Prophètes, depuis l'aube de la vie sur terre, n'ont eu de cesse de transmettre à l'humanité. Il est la religion de tous les Envoyés et de tous les Prophètes de Dieu, depuis Adam (عليه السلام) jusqu'à Muhammad (ﷺ) qui vint clore le cycle de l'apostolat et de la prophétie et par le biais duquel la religion de Dieu s'est débarrassée de toutes les faussetés qui, au gré des passions des communautés antérieures, se greffèrent à son corps à travers les siècles. Il a ainsi trouvé son parachèvement avec l'apostolat de Mu<u>h</u>ammad et a été décrété par Dieu comme étant le dernier message à l'homme. Moult passages du Coran confirment cette vérité ; ainsi lit-on dans le sceau des Livres divins ces paroles imputées à différents Prophètes ainsi qu'à leurs disciples :

« *Et il m'a été commandé d'être du nombre des soumis* (muslimîn) » (Sourate 10, 72)[1] ; « *Mon salaire n'incombe qu'à Dieu. Et il m'a été commandé d'être du nombre des soumis* (muslimîn). » (Sourate 10, verset 72)[2] ;

---

1 ﴿وَأُمِرْتُ أَنْ أَكُونَ مِنَ الْمُسْلِمِينَ﴾

2 ﴿إِنْ أَجْرِيَ إِلَّا عَلَى اللَّهِ﴾

« *Seigneur ! Déverse sur nous l'endurance et fais-nous mourir entièrement soumis* (muslimîn) » (Sourate 7, verset 126)[1] ;

« *Seigneur ! Tu m'as donné du pouvoir et Tu m'as enseigné l'interprétation des rêves. [C'est Toi Le] Créateur des cieux et de la terre, Tu es mon patron, ici-bas et dans l'au-delà. Fais-moi mourir en parfaite soumission* (musliman) *et fais-moi rejoindre les vertueux* » (Sourate 12, verset 101)[2] ; « *Abraham était un guide parfait. Il était soumis à Dieu, voué exclusivement à Lui et il n'était point du nombre*

---

1 ﴿رَبَّنَآ أَفۡرِغۡ عَلَيۡنَا صَبۡرٗا وَتَوَفَّنَا مُسۡلِمِينَ﴾

2 ﴿رَبِّ قَدۡ ءَاتَيۡتَنِي مِنَ ٱلۡمُلۡكِ وَعَلَّمۡتَنِي مِن تَأۡوِيلِ ٱلۡأَحَادِيثِۚ فَاطِرَ ٱلسَّمَٰوَٰتِ وَٱلۡأَرۡضِ أَنتَ وَلِيِّۦ فِي ٱلدُّنۡيَا وَٱلۡأٓخِرَةِۖ تَوَفَّنِي مُسۡلِمٗا وَأَلۡحِقۡنِي بِٱلصَّٰلِحِينَ﴾

des associés. » (Sourate 16, verset 120)[1] ; « *Notre Seigneur ! Fais de nous Tes Soumis* (muslimayn)*, et de notre descendance une communauté soumise à Toi* (muslimatan). » (Sourate 2, verset 128)[2] ; « *C'est ce que Abraham recommanda à ses fils, de même que Jacob : « Ô mes fils, certes Dieu vous a choisi la Religion : ne mourrez que soumis à Lui.* (muslimîn) » (Sourate 2, verset 132)[3] ; « *Les apôtres dirent : « Nous sommes les auxiliaires de Dieu. Nous croyons en Dieu. Et sois témoin que nous Lui sommes soumis.* » (Sourate 3,

---

1 ﴿إِنَّ إِبْرَٰهِيمَ كَانَ أُمَّةً قَانِتًا لِّلَّهِ حَنِيفًا وَلَمْ يَكُ مِنَ ٱلْمُشْرِكِينَ﴾

2 ﴿رَبَّنَا وَٱجْعَلْنَا مُسْلِمَيْنِ لَكَ وَمِن ذُرِّيَّتِنَآ أُمَّةً مُّسْلِمَةً لَّكَ﴾

3 ﴿وَوَصَّىٰ بِهَآ إِبْرَٰهِـۧمُ بَنِيهِ وَيَعْقُوبُ يَٰبَنِىَّ إِنَّ ٱللَّهَ ٱصْطَفَىٰ لَكُمُ ٱلدِّينَ فَلَا تَمُوتُنَّ إِلَّا وَأَنتُم مُّسْلِمُونَ﴾

verset 52)[1] ; « *Elle* (Balqîs) *dit : "Seigneur, je me suis fait du tort à moi-même : Je me soumets* (aslamtu) *avec Salomon à Dieu, Seigneur des mondes."* » (Sourate 27, verset 44)[2].

Rappelant la mission de Mu<u>h</u>ammad et qu'elle est parfaite, universelle et que la religion à lui révélée est l'ultime religion et qu'elle abroge les précédentes qui ont été déformées, Dieu dit : « *Mu<u>h</u>ammad n'a jamais été le père de l'un de vos hommes, mais le Messager de Dieu et le dernier des Prophètes* » (Sourate 33,

---

1 ﴿قَالَ ٱلْحَوَارِيُّونَ نَحْنُ أَنصَارُ ٱللَّهِ ءَامَنَّا بِٱللَّهِ وَٱشْهَدْ بِأَنَّا مُسْلِمُونَ﴾

2 ﴿قَالَتْ رَبِّ إِنِّي ظَلَمْتُ نَفْسِي وَأَسْلَمْتُ مَعَ سُلَيْمَٰنَ لِلَّهِ رَبِّ ٱلْعَٰلَمِينَ﴾

verset 40)[1] ; « *Dis : « Ô hommes ! Je suis pour vous tous le Messager de Dieu, à Qui appartient la royauté des cieux et de la terre. Il n'y a de dieu que Lui* » (Sourate 7, verset 158)[2] ; « *Quiconque recherche une religion autre que l'Islam, ne sera point agréé, et il sera, dans l'au-delà, parmi les perdants.* » (Sourate 3, verset 85)[3] ; « *Certes, la religion acceptée de Dieu, c'est l'Islam.* » (Sourate 3, verset 19)[4].

Le Prophète (ﷺ) a dit : « *Comparée à*

---

1 ﴿مَّا كَانَ مُحَمَّدٌ أَبَآ أَحَدٍ مِّن رِّجَالِكُمْ وَلَٰكِن رَّسُولَ ٱللَّهِ
وَخَاتَمَ ٱلنَّبِيِّـۧنَ ۗ﴾

2 ﴿قُلْ يَـٰٓأَيُّهَا ٱلنَّاسُ إِنِّى رَسُولُ ٱللَّهِ إِلَيْكُمْ جَمِيعًا ٱلَّذِى لَهُۥ
مُلْكُ ٱلسَّمَـٰوَٰتِ وَٱلْأَرْضِ ۖ لَآ إِلَـٰهَ إِلَّا هُوَ﴾

3 ﴿وَمَن يَبْتَغِ غَيْرَ ٱلْإِسْلَـٰمِ دِينًا فَلَن يُقْبَلَ مِنْهُ وَهُوَ فِى ٱلْـَٔاخِرَةِ
مِنَ ٱلْخَـٰسِرِينَ﴾

4 ﴿إِنَّ ٱلدِّينَ عِندَ ٱللَّهِ ٱلْإِسْلَـٰمُ ۗ﴾

celle des autres prophètes, ma situation est la suivante : un homme a bâti une maison, il l'a terminée et embellie, sauf qu'il a laissé vide la place d'une brique. Les gens sont entrés dans cette maison, l'ont admirée, puis ils ont dit : Ah ! Si on n'avait pas laissé vide la place d'une brique, (elle serait parfaite). Or, je suis cette brique et le cycle des Prophètes s'arrête avec moi[1]. »

Il a également dit : « *J'ai plusieurs noms : je m'appelle Mu<u>h</u>ammad et A<u>h</u>mad ; je suis le Mâ<u>h</u>î, celui venu pour éradiquer l'incrédulité ; je suis le <u>H</u>âshir, celui venu pour rassembler l'humanité derrière moi*[2] *; je suis le 'Âqib, le dernier des Prophètes, et après moi, aucun Prophète ne*

---

1 Al-Bukhârî (3534) et Muslim (2287).

2 Ou : celui auprès duquel les hommes se rassembleront.

sera envoyé. »[1]

Dérivant de la racine arabe *s-l-m* qui englobe divers sens dont la paix, la sécurité et la soumission, l'Islam décrit la "soumission", la résignation, l'obéissance de propos délibéré de l'homme à Son créateur Dieu le Très-Haut ; l'homme s'engage ainsi à s'en tenir à ce que Dieu a révélé, à Ses jugements et à Ses prescriptions et à observer les obligations légales (*farâ'id*) et les piliers, savoir :

1-L'attestation qu'il n'y a de dieu que Dieu et que Muhammad est l'Envoyé de Dieu.

2-L'accomplissement de la prière canonique

3 L'acquittement de la *zakât* (l'impôt

1 Al-Bukhârî (3532) et Muslim (2354).

social purificateur).

4-Le jeûne du mois de Ramadan.

5-Le pèlerinage à la Maison Sacrée.

Ibn 'Umar (﵁) rapporte : L'Envoyé de Dieu (ﷺ) a dit : « L'Islam est établi sur cinq (piliers) : l'attestation qu'il n'y a d'autre dieu que Dieu et que Muhammad est l'Envoyé de Dieu, l'accomplissement de la prière, l'acquittement de l'aumône légale, le pèlerinage à la Maison (sacrée de La Mecque) et le jeûne de Ramadan. »[1]

Dans un *hadîth*, Gabriel interrogea l'Envoyé de Dieu (ﷺ) sur l'islam (*al-Islâm*) et la foi (*al-îmân*) : « Ô Muhammad ! Informe-moi au sujet de l'islam. L'Envoyé de Dieu (ﷺ) répondit : « L'islam consiste à attester qu'il n'y a d'autre dieu que Dieu

---

1 Al-Bukhârî et Muslim.

et que Mu<u>h</u>ammad est Son Envoyé, à observer la prière, à acquitter l'aumône légale, à jeûner le mois du Ramadan et à visiter la Maison sacrée (de La Mecque) pour qui en a la possibilité. – Tu as dit la vérité ! » dit l'homme [entendre Gabriel]. « Et l'homme de continuer : « Informe-moi au sujet de la foi. – La foi, répondit le Prophète (ﷺ), consiste à croire en Dieu, en Ses anges, en Ses Livres, en Ses envoyés, au Jour dernier, ainsi qu'au Destin et ce qu'il comporte de bonheur et de malheur. – Tu as dit la vérité, répéta l'homme. »[1]

Islam et foi

Où l'on voit qu'une distinction est établie entre l'islam et la foi. En effet, l'Islam est la soumission extérieure et

1 Muslim.

apparente du serviteur avec la langue et les membres du corps sous forme de paroles et d'actes, l'observance des obligations légales autrement dit des signes apparents de la foi. Dieu dit : « *Les bédouins affirment : "Nous avons la foi." Dis-leur : "Vous n'avez pas encore la foi. Dites plutôt : Nous nous sommes soumis (*aslamnâ*) car la foi n'a pas encore pénétré vos cœurs* » (sourate 49, verset 14)[1]. Il s'agit de la soumission contrainte et feinte. Or, celle-ci n'a aucune valeur tant que la foi n'habite pas les cœurs et ne s'y installe pas durablement. La foi qui est recevable, c'est celle qui est assortie de l'obéissance et de la subordination, et qui est exempte de toute opposition et de toute arrogance vis-à-vis des com-

1 ﴿قَالَتِ ٱلْأَعْرَابُ ءَامَنَّا قُل لَّمْ تُؤْمِنُوا۟ وَلَـٰكِن قُولُوٓا۟ أَسْلَمْنَا وَلَمَّا يَدْخُلِ ٱلْإِيمَـٰنُ فِى قُلُوبِكُمْ﴾

mandements de Dieu.[1]

La foi, *al-îmân*, consiste, quant à elle, en l'adhésion intérieure, intime au Message apporté par le Prophète Muhammad (ﷺ), le musulman tenant pour vraies toutes les informations révélées à lui et qu'il a transmises à la communauté.

L'Islam et la foi recouvrent donc deux réalités bien distinctes aussi bien au sens étymologique qu'au sens méthodologique, même si la Loi emploie parfois, métaphoriquement, l'un de ces deux termes pour désigner l'autre attendu qu'il n'est pas fait cas de la foi sans islam et vice-versa, et qu'il est nécessaire d'avoir la foi dans son cœur et de traduire celle-ci par des actes.

---

1 *La foi du Musulman*, Muhammad Al-Ghazâlî ; p.198 ; éditions Maison d'Ennour, 2014.

Muhammad Al-Ghazâlî dit dans son *'Aqîdat Al-Muslim* : « Les termes *islâm* (soumission) et *îmân* (foi) sont synonymes, ou inhérents l'un à l'autre au regard de la religion. En effet, l'islam consiste à s'acquitter des actes adoratifs prescrits ; il est donc adhésion intime à [la réalité de l'existence de] Dieu et observation de Ses commandements. La foi implique la connaissance véritable de Dieu et l'accomplissement des devoirs qui en résultent. Ainsi, le concept de certitude (*yaqîn*) est-il évoqué implicitement par le terme *islâm*, et celui de soumission (*khudû'*), par le mot *îmân*. Car, l'islam est irrecevable sans certitude, tout comme l'*îmân* est inacceptable sans soumission à Dieu. »[1]

---

1 La foi du musulman, p.197 ; éditions Maison d'Ennour, 2014.

Sa'd Ibn Abî Waqqâs (رضي الله عنه) rapporte au sujet de l'Envoyé de Dieu (ﷺ) auprès duquel il était assis, un jour que celui-ci venait de faire quelques dons à une troupe de gens : « L'Envoyé de Dieu (ﷺ) avait négligé de donner à un de ces hommes qui me paraissait le plus méritant : « Pourquoi négliges-tu un tel ? demandai-je au Prophète ; par Dieu ! je vois en lui un vrai croyant. – Un musulman, veux-tu dire, » répliqua le Prophète (ﷺ). Je me tus un instant, puis, ne pouvant me contenir, sûr que j'étais de mon fait, je dis pour la seconde fois au Prophète : « Pourquoi négliges-tu un tel ? Par Dieu ! je vois en lui un vrai croyant. – Un musulman, » reprit le Prophète (ﷺ)[1].

Selon Al-Qastalânî : On mérite le nom

1 Al-Bukhârî.

de musulman en faisant extérieurement acte d'adhésion à l'islam. Quant à la foi, elle est "l'œuvre du cœur" et, par son caractère profondément intime, elle échappe à l'appréciation des hommes. Affirmer catégoriquement qu'un individu est "croyant" n'est permis qu'à Dieu.

L'islam se limite-t-il aux cinq piliers ?

Absolument pas. L'édifice de l'Islam se fonde certes sur les cinq piliers, mais il ne peut être réduit à ces assises. L'islam est constitué de fondements, de piliers qui le soutiennent et d'une construction représentée par les prescriptions afférentes à la vie des personnes légalement responsables (*mukallaf*). D'ailleurs, outre ces cinq piliers, le Coran parle de morale, d'économie, de société, de politique, de guerre, de paix, d'héritage, de mariage, de commerce, etc. De même la

Tradition du Prophète (ﷺ) qui est notamment la mise en pratique des préceptes coraniques parle d'un islam beaucoup plus large que ces cinq piliers. En effet, il n'est pas de question qui touche l'expérience et l'existence humaines dans ce monde ou dans celui qui le suit (la vie dernière) sans que l'Islam n'en parle soit en des termes généraux soit en employant des énoncés détaillés, précis et clairs. Bref, l'Islam est dogme, adoration et mode de vie.

Chapitre 2

L'attestation de foi

L'attestation de foi est la porte d'entrée à l'Islam. Celui qui ne formule pas les deux phrases qui la composent et ne dit pas : "*Je témoigne qu'il n'y a de dieu que Dieu et que Mu<u>h</u>ammad est Son Envoyé*" n'est pas musulman et ne peut pratiquer les actes adoratifs ni observer les différentes prescriptions de l'Islam.

L'Envoyé de Dieu (ﷺ) dit : « J'atteste qu'il n'est de dieu que Dieu et que je suis Son Envoyé. Tout serviteur qui rencontrera Dieu muni de ces deux attestations et refusant de les mettre en doute, celui-là le Paradis ne lui sera pas interdit. »[1]

L'Envoyé de Dieu (ﷺ) dit : « Va et annonce à tous ceux que tu rencontreras au-delà de ce jardin et qui attesteront qu'il n'y a d'autre dieu que Dieu, la certitude au cœur, qu'ils entreront au Paradis. »[2]

L'Envoyé de Dieu (ﷺ) dit : « Il n'est pas un de vous qui fasse ses petites ablutions avec soin – ou (bien il a dit :) comme il faut – puis qui dise : « J'atteste qu'il n'est de dieu que Dieu, Unique et sans associé, et que Muhammad est Son Serviteur

---

1 Muslim.

2 Muslim.

et Son Envoyé », sans que les huit portes du Paradis lui soient ouvertes et qu'il y entre par celle de son choix. »[1]

Abû Dharr rapporte : « J'ai demandé au Prophète : "Fais-moi une recommandation." Il m'a répondu : "Lorsque tu fais une mauvaise action fais-la suivre d'une bonne, elle l'effacera" J'ai dit : "Est-ce que '*Il n'y a de dieu que Dieu*' participe des bonnes actions ? "Elle est, a-t-il répondu, la meilleure des bonnes actions"[2]

L'Envoyé de Dieu (ﷺ) dit : « Celui dont les dernières paroles seront : « Il n'est de dieu que Dieu », entrera au Paradis. »[3]

Il ressort de ces *hadîth* que l'attesta-

---

1 Muslim.

2 Ahmad.

3 Abû Dâwûd (3116) et Al-Hâkim (1/351) qui qualifie sa chaîne de transmission de *sahîh*.

tion de foi (*Ash-Shahâdatân*) est primordiale en Islam, car sans elle il n'existe pas d'Islam ; c'est elle qui lui donne vie. Toute action qui ne se fonde pas sur l'attestation qu'"il n'y a de dieu que Dieu et Muhammad est Son Envoyé" n'est pas considérée. C'est pourquoi les œuvres de ceux qui ne croient pas en Dieu et ne proclament pas cette attestation et n'y adhèrent pas intimement seront réduites à néant le Jour de la résurrection même si elles sont bonnes. Dieu dit : « *Nous avons considéré l'œuvre qu'ils ont accomplie et Nous l'avons réduite en poussière éparpillée.* » (Sourate 25, verset 23).[1]

L'attestation de foi comprend deux parties que l'on ne peut séparer. La première veut dire : Je témoigne qu'il

1 ﴿وَقَدِمْنَآ إِلَىٰ مَا عَمِلُوا۟ مِنْ عَمَلٍ فَجَعَلْنَٰهُ هَبَآءً مَّنثُورًا﴾

n'existe pas d'autre divinité à part Dieu. Dieu est Unique dans son Essence, dans Ses Attributs et dans Ses actes. Il n'a ni pareil ni associé. Dieu dit : « *Votre Dieu est un Dieu unique* » (Sourate 2, verset 163)[1]

"Il n'y a de dieu que Dieu" est la parole qui soutient les cieux et la terre ; pour elle, ont été créées les créatures : « *Je n'ai créé les djinns et les hommes que pour qu'ils M'adorent* » (sourate 51, verset 56)[2], ainsi que ce monde et la vie dernière. C'est avec elle que Dieu a suscité Ses Envoyés, révélé Ses livres et légiféré Ses Lois : « *Nous n'avons envoyé avant toi aucun Messager à qui Nous n'ayons révélé : « Point de divinité en dehors de*

---

1 ﴿وَإِلَٰهُكُمْ إِلَٰهٌ وَاحِدٌ﴾

2 ﴿وَمَا خَلَقْتُ ٱلْجِنَّ وَٱلْإِنسَ إِلَّا لِيَعْبُدُونِ﴾

Moi. Adorez-Moi donc" » (Sourate 21, verset 25).[1] C'est à cause d'elle aussi que les balances seront dressées [au Jour de la Résurrection] (...) que les créatures se sont scindées en deux groupes : les croyants et les incroyants, les pieux et les libertins (...) ; c'est elle qui détermine si l'on doit recevoir son livre en sa main droite ou en sa main gauche, qui rend la balance lourde ou légère, qui sauve du feu au moment de franchir le pont tendu au-dessus de la Géhenne ou qui condamne ceux qui ne l'observent pas au supplice du feu. Elle est la vérité pour laquelle la création a été tirée du néant, elle a fait l'objet du pacte prénatal que Dieu conclut avec la descendance d'Adam ; les créatures seront interro-

---

1 ﴿وَمَآ أَرۡسَلۡنَا مِن قَبۡلِكَ مِن رَّسُولٍ إِلَّا نُوحِيٓ إِلَيۡهِ أَنَّهُۥ لَآ إِلَٰهَ إِلَّآ أَنَا۠ فَٱعۡبُدُونِ﴾

gées au Jour de la Rencontre à son sujet et sur ses droits, et la récompense et la sanction en découleront. Elle a été à l'origine de la fixation de la *Qibla* et de la fondation de la religion. Elle est le droit de Dieu sur les serviteurs. Le Prophète (ﷺ) a dit : « Le droit de Dieu sur ses serviteurs est qu'ils L'adorent sans rien Lui associer. » Elle est le plus grand bienfait que Dieu ait accordé à Ses serviteurs croyants en les y guidant. Elle est la parole de l'Islam, la clé de la demeure de la paix, elle préserve la vie et les biens et c'est à cause d'elle que le combat sur la voie de Dieu a été prescrit. Le Prophète (ﷺ) a dit : « J'ai reçu l'ordre de combattre les gens (mécréants) sans relâche jusqu'à ce qu'ils professent qu'il n'y a de dieu que Dieu et que Mu<u>h</u>ammad est l'Envoyé de Dieu ; qu'ils accomplissent la prière et qu'ils acquittent l'aumône légale. Le jour où ils feront cela, leurs vies et leurs biens seront respectés par moi, sauf quand l'Islam permettra d'y porter atteinte. (Pour le reste) ils ne devront de comptes qu'à Dieu le Très-Haut. » Elle est la première chose à laquelle il faut appeler les gens. L'Envoyé de Dieu (ﷺ) dit à Mu'âdh lorsqu'il l'envoya au Yémen : « Tu vas trouver des habitants qui sont des gens du Livre. Quand tu seras auprès d'eux, invite-les à adorer Dieu » et dans une autre version : Invite-les à attester qu'il n'y a de dieu que Dieu et que Muhammad est l'Envoyé de Dieu… »[1]

Dieu est le seul créateur. Nul autre que Dieu ne prétend pouvoir créer, même une chose si infime soit-elle, tel un poil

---

1 Al-Qahtânî, *'Arkân Al-Islâm*, édition wizârat ash-Shu'ûn al-islâmiya wa ad-da'wa wa al-irshâd, pp. 6-7.

dans un corps humain ou animal, une minuscule plume dans l'aile d'un oiseau ou une feuille d'un rameau oscillant, à plus forte raison, un corps vivant ou un corps céleste, grand ou petit.

Dieu est le seul Pourvoyeur. Il n'y a point d'être vivant sur terre, ou dans l'eau, ou dans les entrailles de sa mère, dont la subsistance ne procède de Dieu, et à qui Dieu ne donne l'instinct de trouver sa propre nourriture et ne le guide à la façon de s'en saisir et d'en tirer profit.[1]

Le monde dans lequel nous vivons a un Dieu unique. Tout ce qui n'est pas Lui est soumis à Son pouvoir et à Sa domination : « *Tous ceux qui sont dans les cieux et sur la terre viendront au Tout Miséricor-*

1 La voie du musulman, Abû Bakr Jâbir Al-Jazâ'irî ; p.26 ; éditions Maison d'Ennour, 2014.

dieux, [sans exception], en serviteurs. Il les a certes dénombrés et bien comptés. Au Jour de la Résurrection, chacun d'eux viendra seul à Lui » (Sourate 19, versets 93-95).[1]

Tous les Envoyés, sans exception, ont déclaré les uns après les autres qu'ils venaient de la part de Dieu, le Seigneur des mondes. C'est Lui qui les a missionnés pour transmettre le message de l'unicité : « *Nous n'avons envoyé avant toi aucun Messager à qui Nous n'ayons révélé : « Point de divinité en dehors de Moi. Adorez-Moi donc"* » (Sourate 21, verset 25).[2]

---

1 ﴿إِن كُلُّ مَن فِي ٱلسَّمَٰوَٰتِ وَٱلۡأَرۡضِ إِلَّآ ءَاتِي ٱلرَّحۡمَٰنِ عَبۡدٗا لَّقَدۡ أَحۡصَىٰهُمۡ وَعَدَّهُمۡ عَدّٗا وَكُلُّهُمۡ ءَاتِيهِ يَوۡمَ ٱلۡقِيَٰمَةِ فَرۡدًا﴾

2 ﴿وَمَآ أَرۡسَلۡنَا مِن قَبۡلِكَ مِن رَّسُولٍ إِلَّا نُوحِيٓ إِلَيۡهِ أَنَّهُۥ لَآ إِلَٰهَ إِلَّآ أَنَا۠ فَٱعۡبُدُونِ﴾

La foi en Dieu consiste dès lors à croire fermement que Dieu est le Créateur, le Seigneur, le Possesseur de toute chose ; que Lui Seul mérite qu'on Lui voue un culte exclusif ; qu'Il possède tous les attributs de la perfection, et qu'Il est au-dessus de toute insuffisance. Il s'ensuit que nul homme ne peut prétendre être croyant en Dieu à moins qu'il ait la conviction que Dieu est le Seigneur de toute chose et qu'il n'y a pas de seigneur en dehors de Lui, qu'Il est le Dieu de tous les êtres et qu'il n'y a pas de dieu à part Lui, et que Lui Seul possède des attributs et des noms parfaits.

Témoignent en faveur de l'unicité de Dieu les arguments scripturaires suivants :

« *Dieu atteste, et aussi les Anges et les hommes de science, qu'il n'y a de Dieu que Lui, qu'Il maintient la justice. Il n'y a de Dieu que Lui, le Puissant, le Sage.* » (Sourate 3, verset 18)[1]

« *Votre Dieu est un Dieu unique. Pas de dieu si ce n'est Lui, le Tout Miséricordieux, le Très Miséricordieux.* » (Sourate 2, verset 163)[2]

« *Dieu ! Point de divinité à part Lui, le Vivant, Celui qui subsiste par lui-même. Ni somnolence ni sommeil ne Le saisissent. A lui appartient tout ce qui est dans les cieux et sur la terre. Qui peut intercéder auprès de Lui sans Sa permission ? Il sait ce qui est devant et derrière eux. Et, de Sa science, ils n'embrassent que ce qu'Il veut.*

---

1 ﴿شَهِدَ ٱللَّهُ أَنَّهُۥ لَآ إِلَٰهَ إِلَّا هُوَ وَٱلْمَلَٰٓئِكَةُ وَأُو۟لُوا۟ ٱلْعِلْمِ قَآئِمًۢا بِٱلْقِسْطِ ۚ لَآ إِلَٰهَ إِلَّا هُوَ ٱلْعَزِيزُ ٱلْحَكِيمُ﴾

2 ﴿وَإِلَٰهُكُمْ إِلَٰهٌ وَٰحِدٌ ۖ لَّآ إِلَٰهَ إِلَّا هُوَ ٱلرَّحْمَٰنُ ٱلرَّحِيمُ﴾

Son Trône déborde les cieux et la terre, dont la garde ne Lui pèse en rien. Et Il est le Très Haut, le Très Grand. » (Sourate 2, verset 255)[1]

« *Sache, qu'il n'y a de dieu que Dieu.* » (Sourate 47, verset 19)[2]

Implorant Dieu, Jonas dit : « *Il n'y a de Dieu que Toi ! Gloire à toi. J'ai été bien injuste !* » (Sourate 21, verset 87)[3]

Où l'on voit que Dieu Lui-même ainsi

---

1 ﴿ٱللَّهُ لَآ إِلَٰهَ إِلَّا هُوَ ٱلۡحَيُّ ٱلۡقَيُّومُۚ لَا تَأۡخُذُهُۥ سِنَةٞ وَلَا نَوۡمٞۚ لَّهُۥ مَا فِي ٱلسَّمَٰوَٰتِ وَمَا فِي ٱلۡأَرۡضِۗ مَن ذَا ٱلَّذِي يَشۡفَعُ عِندَهُۥٓ إِلَّا بِإِذۡنِهِۦۚ يَعۡلَمُ مَا بَيۡنَ أَيۡدِيهِمۡ وَمَا خَلۡفَهُمۡۖ وَلَا يُحِيطُونَ بِشَيۡءٖ مِّنۡ عِلۡمِهِۦٓ إِلَّا بِمَا شَآءَۚ وَسِعَ كُرۡسِيُّهُ ٱلسَّمَٰوَٰتِ وَٱلۡأَرۡضَۖ وَلَا يَـُٔودُهُۥ حِفۡظُهُمَاۚ وَهُوَ ٱلۡعَلِيُّ ٱلۡعَظِيمُ﴾

2 ﴿فَٱعۡلَمۡ أَنَّهُۥ لَآ إِلَٰهَ إِلَّا ٱللَّهُ﴾

3 ﴿لَّآ إِلَٰهَ إِلَّآ أَنتَ سُبۡحَٰنَكَ إِنِّي كُنتُ مِنَ ٱلظَّٰلِمِينَ﴾

que les anges, les Envoyés et Prophètes et les hommes doués de science confirment la vérité de l'unicité de Dieu.

De l'attestation de la foi, premier pilier de l'Islam, découle la foi en l'Insondable (*Ghayb*), autrement dit ce que l'on appelle les piliers de la foi, à savoir : croire en Dieu, en Ses anges, en Ses Livres, en Ses envoyés, au Jour dernier, ainsi qu'au Destin et ce qu'il comporte de bonheur et de malheur. Ces six piliers de la foi qui participent du *Ghayb* sont comme la synthèse de toutes les autres choses afférentes à l'Inconnaissable comme les miracles opérés par les Messagers antérieurs à Muhammad, les Djinns, les sept cieux, le paradis, le monde de l'intervalle (*Barzakh*), etc.

Il importe ici de préciser que les six piliers de la foi sont compris dans l'attestation de foi. Il s'ensuit que celui qui observe l'attestation de foi se conforme en vérité à l'ensemble des piliers de la foi. C'est pourquoi il suffit à l'homme qui veut adhérer à l'islam de proclamer l'attestation de foi : "Je témoigne qu'il n'y a de dieu que Dieu et que Muhammad est Son Envoyé" pour être considéré comme étant un croyant – si toutefois il est sincère – quand bien même il ne prononcerait pas oralement son adhésion aux piliers de la foi.

L'explication de cela est que l'attestation "Je témoigne qu'il n'y a de dieu que Dieu" mentionne explicitement le premier pilier de la foi, savoir la croyance en Dieu ;

De même l'attestation que Muhammad est l'Envoyé de Dieu rappelle la foi en le Messager, or cette foi implique

que l'on croie en tout Messager évoqué par l'Envoyé de Dieu. C'est ainsi que le second pilier de la foi se trouve intégré dans l'attestation de foi ;

En outre, celui qui ajoute foi en Dieu, Ses Envoyés doit nécessairement croire aux anges, car les Messagers en ont parlé et parce que c'est parmi eux que sont choisis les émissaires qui transmettent les ordres et la révélation de Dieu à Ses Envoyés parmi les humains ;

Par ailleurs, quiconque croit en Dieu, en Ses Messagers, et en Ses anges croit subséquemment à la révélation et bien évidemment aux Livres. Celui qui tient pour vrais ces piliers ne peut que croire au Jour dernier, car l'existence d'un tel jour découle de la foi en la puissance, l'équité et la bonté de Dieu. Qui plus est les Messagers nous ont informés à son sujet et il a été mentionné dans les Livres célestes ;

Enfin la foi en le destin est une branche de la croyance en Dieu. Aussi celui qui ajoute foi à la science prééternelle de Dieu, à Sa volonté qui fait exister les choses et à Sa puissance qui donne vie aux choses, et qui croit que tout cela a été inscrit dans un livre aura cru en le destin.[1]

Les fruits de la confirmation de l'unicité de Dieu

Croire en l'existence d'un seul Créateur et Pourvoyeur ne suffit pas, encore faut-il vivre cette foi en vouant adoration et obéissance à Dieu Seul. C'est le *tawhîd*, lequel est le fondement de

1 Sa'îd Hawwâ, Al-Islâm, p.32 ; éditions Dâr As-Salâm, Egypte, 2011.

la vision du monde de tout musulman conscient. C'est la seule position raisonnable, saine, correcte et naturelle que quiconque puisse adopter.[1] Le liant directement et indéfectiblement à Dieu, le *tawhīd* affranchit le musulman de toute dépendance à autre que Lui, lui confère paix intérieure et dignité, et le préserve du mal de l'orgueil qui a été le premier péché dans l'univers.

1 Islam, la voie naturelle, Abdulwahid Hamid, p.35 ; éditions Tawhid, 2011.

"Muhammad est l'Envoyé de Dieu"

Quant à la seconde moitié de l'attestation de foi, elle consiste à reconnaître la mission apostolique de Muhammad. Muhammad (ﷺ) est un Prophète et un Envoyé de Dieu. Sa mission s'inscrit en continuité avec celle des autres Prophètes-Envoyés qui l'ont précédé.

L'attestation que Muhammad est le

Messager de Dieu veut dire confirmer par la langue et croire fermement par le cœur que Muhammad Ibn 'Abd Allâh est l'Envoyé de Dieu à tous les hommes et tous les djinns. Une telle attestation implique l'obligation d'obéir à ses ordres, ajouter foi aux informations qu'il a apportées, s'écarter de ce qu'il a défendu et interdit et de n'adorer Dieu que de la manière qu'il a légiférée. Il faut dès lors croire en sa Loi et s'y soumettre en paroles, en actes et en y adhérant par le cœur. Autrement dit il faut croire en Dieu, Ses anges, ses Livres, Ses Messagers, au Jour dernier et au destin et ce qu'il comporte de bonheur et de malheur ; il est indispensable aussi de s'acquitter entièrement des piliers de l'Islam (l'attestation de foi, la prière, la *zakât*, le jeûne, le pèlerinage) ainsi que des autres choses que Dieu a prescrites par le biais de son

Prophète comme les différentes sortes de bienfaisance.[1]

Il est le seul Envoyé qui ait proclamé qu'il n'y aura plus de Prophète après lui. Ainsi dit-il dans un *hadîth* bien connu : « *Il n'y aura plus de Prophète après moi* »[2] ; de même, il a dit : « *Ils iront alors me trouver et diront : « Ô Muhammad, tu es un Envoyé de Dieu et le sceau des Prophètes* »[3].

Muhammad est le dernier et le meilleur d'entre tous les Prophètes, le plus élevé en mérite, et aucun Prophète avant lui n'a vu Dieu le combler autant de Ses faveurs.

Muhammad est le guide vers le che-

---

1 Al-Qahtânî, *Arkân Al-Islâm*, p.39

2 Ahmad (1/184 ; 2/182,212).

3 Muslim (194).

min de Dieu ; c'est lui qui transmet à l'homme ce que Dieu attend de lui, fait connaître à celui-ci Son Seigneur, et lui explique comment cheminer vers Lui correctement, sans risque de s'égarer.

« La corruption qui a atteint les deux grandes religions antérieures à l'islam, je veux parler du Judaïsme et du Christianisme, comme l'altération qui a entaché leur Livre, font que l'islam est le seul chemin de la vraie foi. Seuls le Livre et la Sunna (Tradition) de Muhammad peuvent conduire les hommes à la Vérité. Si l'on cherchait aujourd'hui les portes qui mènent à Dieu chez les Juifs et les Chrétiens, on les trouverait fermées. Alors qu'en islam, les portes de Dieu s'ouvrent au nom de Muhammad, Son Prophète adorateur, et en vertu de Sa Loi éternelle, de Son Coran bien gardé et de Sa Sunna préservée. De la sorte, on connaît Dieu avec certitude, de même qu'on connaît la Loi à laquelle Il nous astreint sans la moindre altération. Voilà pourquoi la foi en Mu<u>h</u>ammad (ﷺ) est une condition de validité de la foi en Dieu : « *Ceux qui mécroient et détournent du chemin de Dieu, Dieu rendra vaines leurs œuvres. Ceux qui croient et accomplissent de bonnes œuvres et croient en ce qui a été descendu sur Mu<u>h</u>ammad - et c'est la vérité venant de leur Seigneur - Il leur efface leurs méfaits et améliore leur condition. Il en est ainsi parce que ceux qui mécroient suivent le Faux et que ceux qui croient suivent la Vérité émanant de leur Seigneur. C'est ainsi que Dieu propose leurs exemples aux gens* » (sourate 47, versets 1-3). »[1]

---

1 La foi du musulman, p.324 ; Mu<u>h</u>ammad Al-Gha-

Ne pas reconnaître, ne pas ajouter foi en Muhammad est synonyme de mécréance. Par ailleurs attester de l'apostolat de Muhammad implique la foi en les Messagers dont parle le Livre qui lui a été révélé, le Coran.

Cependant attester qu'il n'y a de dieu que Dieu et que Muhammad est Son Envoyé ne peut sauver de la mécréance et intégrer l'homme dans la sphère de la foi salvatrice auprès de Dieu que si cette attestation émane en toute sincérité et sans hésitation aucune du cœur et est

---

zâlî, éditions Maison d'Ennour, 2014.

﴿ٱلَّذِينَ كَفَرُوا۟ وَصَدُّوا۟ عَن سَبِيلِ ٱللَّهِ أَضَلَّ أَعْمَـٰلَهُمْ وَٱلَّذِينَ
ءَامَنُوا۟ وَعَمِلُوا۟ ٱلصَّـٰلِحَـٰتِ وَءَامَنُوا۟ بِمَا نُزِّلَ عَلَىٰ مُحَمَّدٍ وَهُوَ
ٱلْحَقُّ مِن رَّبِّهِمْ كَفَّرَ عَنْهُمْ سَيِّـَٔاتِهِمْ وَأَصْلَحَ بَالَهُمْ ذَٰلِكَ بِأَنَّ
ٱلَّذِينَ كَفَرُوا۟ ٱتَّبَعُوا۟ ٱلْبَـٰطِلَ وَأَنَّ ٱلَّذِينَ ءَامَنُوا۟ ٱتَّبَعُوا۟ ٱلْحَقَّ
مِن رَّبِّهِمْ ۚ كَذَٰلِكَ يَضْرِبُ ٱللَّهُ لِلنَّاسِ أَمْثَـٰلَهُمْ﴾

proclamée par la langue. Si la foi ne loge pas dans le cœur on est soit hypocrite si on se contente de la prononcer par la langue, soit mécréant si on refuse de la proclamer par la langue.

En outre, il faut savoir que si les *ḫadīth* prophétiques attestent que celui qui proclame la parole de l'unicité accédera au Paradis, il est indispensable de remplir ses conditions, d'observer ses piliers, de se conformer à ses implications et de s'éloigner de ses causes annulatives ou de ce qui va à son encontre. Quiconque viendra à Dieu muni de cette parole et s'étant affranchi des trois sortes d'injustice, savoir l'iniquité de l'association, l'injustice envers les serviteurs et le tort causé à soi en commettant des péchés qui sont en deçà de l'association, celui-là sera en totale sécurité, pleinement guidé, et entrera au Paradis, de par la miséricorde et la bonté de Dieu, sans subir la reddition des comptes. Quant à celui qui viendra avec cette parole, mais aura commis des péchés dont il ne se serait pas repenti ; soit il aurait fait des péchés mineurs qui seront pardonnés parce qu'il aurait évité les grands péchés comme le confirme cette parole de Dieu : « *Si vous évitez les grands péchés qui vous sont interdits, Nous effacerons vos mauvaises actions, et Nous vous introduirons [au Paradis] d'une noble façon* » (sourate 4, verset 31)[1], soit il aurait perpétré des péchés graves, son sort dépendra alors de la volonté de Dieu qui peut lui pardonner ou le châtier avant de le faire entrer au

---

1 ﴿إِن تَجْتَنِبُواْ كَبَآئِرَ مَا تُنْهَوْنَ عَنْهُ نُكَفِّرْ عَنكُمْ سَيِّئَاتِكُمْ وَنُدْخِلْكُم مُّدْخَلًا كَرِيمًا﴾

Paradis.[1]

C'est dans ce cadre qu'il sied de comprendre les *hadîth* suivants :

« Le Jour de la résurrection, Dieu fera sortir du groupe des créatures un homme de ma Communauté pour qui on déroulera quatre-vingt-dix-neuf registres, chacun d'eux s'étendant à perte de vue. Puis le Seigneur dira : « Contestes-tu quelque chose de ce qui est écrit ? Est-ce que Mes Anges scribes et gardiens ont été injustes envers toi ? – Non, Seigneur, répondra l'homme. – Plutôt, ils l'ont été, reprendra Dieu, car il y a auprès de Nous une bonne action à ton actif. Certes, on ne sera pas injuste envers toi en ce Jour. » Ce disant, le Seigneur sortira un bout de papier sur lequel est écrit : "*J'at-*

1 Al-Qahtânî, *Arkân Al-Islâm*, pp.23-24

teste qu'il n'est de dieu que Dieu ; j'atteste que Muhammad est Son adorateur et Son Envoyé."

« Ô Seigneur, s'exclamera l'homme, quel est ce bout de papier avec ces inscriptions dessus ? – Je t'ai dit, répondra Dieu, qu'on ne serait pas injuste avec toi. » Les registres seront alors posés dans un plateau et le bout de papier, dans l'autre. Or, c'est le bout de papier qui fera pencher la balance, car rien ne pèse comme le nom de Dieu. »[1]

D'après Mu'âdh Ibn Jabal, l'Envoyé de Dieu (ﷺ) dit : « La clé du Paradis est de déclarer qu'il n'y a de dieu que Dieu ». Dans le *Sahîh* d'Al-Bukhârî, on lit qu'il a été demandé à Wahb Ibn Munabbih : « Ces mots : *Il n'y a pas d'autre divinité*

1 At-Tirmidhî.

que Dieu, ne sont-ils pas la clé du Paradis ? – Certes oui, répondit-il, mais toute clé doit avoir des crans. Si vous apportez une clé avec des crans, la porte s'ouvrira pour vous : mais si la clé n'a pas de crans, la porte ne s'ouvrira pas pour vous. » Ibn Kathîr fait le commentaire suivant : « Il signifie par ces termes qu'il est indispensable d'accompagner la déclaration de l'unicité de Dieu par de bonnes actions comportant l'accomplissement des actes d'obéissance et l'abstinence des interdits. »[1]

En témoignant formellement qu'il n'y a pas de divinité si ce n'est ALLAH (DIEU en arabe), le Musulman proclame que rien n'importe plus à ses yeux que DIEU l'Unique, en étant intimement persuadé

1 Les délices du Paradis, p.14-15 ; éditions Maison d'Ennour, 2009.

que tout émane et dépend de LUI. Ainsi, il s'en remettra totalement au Créateur Suprême, de tout et de tous, en marquant sa déférence pour les révélations divines légitimes dont la dernière en date est collationnée dans le Coran, et en désavouant tout ce qui y sera contraire. En attestant que Mu<u>h</u>ammad est l'Envoyé de Dieu, le Musulman admet que le dernier Prophète est le meilleur exemple à suivre. Ainsi, il souscrira et se référera autant que faire se peut à la Sunna (Tradition) réputée authentique, la compilation des enseignements et comportements prophétiques rapportés par ses Condisciples.[1]

---

1 L'attestation de foi islamique, Daniel Youssof Leclercq ;http://integritydyl.wordpress.com/2014/06/08/lattestation-de-foi-islamique/#_ftn3

Y a-t-il des choses qui annulent l'adhésion de l'homme à l'islam ?

Nombre de gens pensent qu'une fois que l'homme prononce l'attestation de foi rien ne peut l'en exclure, or cela est faux car il existe moult choses qui font sortir l'homme de l'islam et annulent sa proclamation de l'attestation de foi. D'où la nécessité de traiter cette question fût-ce de manière brève.

D'abord soulignons que le musulman doit croire en le contenu de l'attestation de foi, savoir que Dieu est le seul Créateur, le seul Pourvoyeur, le Seul Agent, et que nul ne participe à Son œuvre ; il doit aussi vouer à Dieu un culte exclusif et sans partage ; il doit enfin affirmer l'existence des Noms et des Attributs divins tels qu'ils conviennent à Dieu et tels qu'ils ont été rapportés dans les Textes.

De même doit-il adhérer au sens de la seconde moitié de l'attestation de foi, autrement dit à tout ce que le Messager de Dieu (ﷺ) a apporté de la part de Son seigneur comme lois, enseignements inhérents au monde insondable, et reconnaître les qualités de la Prophétie qui sont celles de Muhammad (ﷺ), c'est-à-dire la sincérité, la loyauté, la sagacité, la transmission du message, l'impeccabilité, etc.

Découlent de ces préceptes que recèle l'attestation de foi une somme de comportements qu'il sied d'observer faute de quoi on sape la proclamation même du témoignage de foi qu'il n'y a de dieu que Dieu et que Muhammad est Son Envoyé.

Ainsi doit-on :

-Se fier entièrement à Dieu. Dieu dit :

« *C'est en Dieu qu'il faut avoir confiance, si vous êtes croyants* » (Sourate 5, verset 23).[1] Il n'est pas permis de placer sa confiance en autre que Dieu (*tawakkul*). Cependant le *tawakkul* ne veut pas dire renoncer à l'action : l'on doit aller à la quête de sa subsistance en croyant que Seul Dieu pourvoit aux besoins des créatures ; de même le malade doit se soigner en ayant la conviction que Seul Dieu guérit ; l'on doit recourir aux causes secondes (*asbâb*) tout en s'appuyant sur Dieu Seul et en plaçant notre confiance en Lui. S'abandonner aux causes secondes et oublier Dieu est une désobéissance, se fier aux causes secondes en prétendant que Dieu n'a rien à voir avec elles est un associationnisme qui contre-

---

1 ﴿وَعَلَى ٱللَّهِ فَتَوَكَّلُوٓاْ إِن كُنتُم مُّؤْمِنِينَ﴾

dit l'attestation de foi.[1]

-Reconnaître que tout bienfait qui nous touche, qu'il soit apparent ou caché, sensible ou immatériel, provient de Dieu. De même, doit-on admettre que tout malheur qui nous affecte vient de Dieu, lequel est en droit de refuser Ses bienfaits à qui Il veut et d'éprouver qui Il veut. On peut lire à ce sujet dans le Coran : « *Tout bien dont vous jouissez provient de Dieu. Quand le malheur vous touche, c'est Lui que vous implorez à haute voix. Mais une fois qu'Il dissipe votre malheur, voilà qu'une partie d'entre vous donne des associés à son Seigneur, méconnaissant ainsi ce que Nous leur avons donné. Jouissez donc [pour un temps !] Bientôt vous saurez !* » (Sourate 16, versets 53-

---

1 Voir au sujet des actions qui annulent l'attestation de foi "Al-Islâm" de Sa'îd Hawwâ, pp.82-98.

55)[1] ; « *Quand Nous comblons de bienfaits l’homme, il s’esquive et s’éloigne. Et quand un malheur le touche, il se livre alors à une longue prière.* » (Sourate 41, verset 51)[2] ; « *Il dit (Salomon) : C’est une grâce de mon Seigneur, pour m’éprouver si je suis reconnaissant ou si je suis ingrat.* » (Sourate 27, verset 40)[3].

-Vouer ses actes à Dieu. Dieu dit : « *Dis : « En vérité, ma prière, mes actes de dévotion, ma vie et ma mort appartiennent à Dieu, Seigneur de l’Univers.* » (Sourate 6,

---

1 ﴿وَمَا بِكُم مِّن نِّعْمَةٍ فَمِنَ ٱللَّهِ ثُمَّ إِذَا مَسَّكُمُ ٱلضُّرُّ فَإِلَيْهِ تَجْـَٔرُونَ ثُمَّ إِذَا كَشَفَ ٱلضُّرَّ عَنكُمْ إِذَا فَرِيقٌ مِّنكُم بِرَبِّهِمْ يُشْرِكُونَ لِيَكْفُرُوا۟ بِمَآ ءَاتَيْنَـٰهُمْ فَتَمَتَّعُوا۟ فَسَوْفَ تَعْلَمُونَ﴾

2 ﴿وَإِذَآ أَنْعَمْنَا عَلَى ٱلْإِنسَـٰنِ أَعْرَضَ وَنَـَٔا بِجَانِبِهِۦ وَإِذَا مَسَّهُ ٱلشَّرُّ فَذُو دُعَآءٍ عَرِيضٍ﴾

3 ﴿قَالَ هَـٰذَا مِن فَضْلِ رَبِّى لِيَبْلُوَنِىٓ ءَأَشْكُرُ أَمْ أَكْفُرُ﴾

verset 162)[1].

-Reconnaître à Dieu le droit d'ordonner et d'interdire, de déclarer licite ou illicite telle ou telle chose, d'énoncer des lois, et de juger. Dieu dit : « *La création et le commandement n'appartiennent qu'à lui. Béni soit Dieu, Seigneur des mondes !* » (Sourate 7, verset 54)[2] ; « *Le jugement n'appartient qu'à Dieu : Il tranche en toute vérité et Il est le meilleur des juges.* » (Sourate 6, verset 57)[3] ; « *Ils ont pris leurs rabbins et leurs moines, ainsi que le Messie fils de Marie, comme seigneurs en dehors de Dieu, alors qu'on ne leur a commandé que d'adorer un Dieu unique.* » (Sourate

---

1 ﴿قُلْ إِنَّ صَلَاتِي وَنُسُكِي وَمَحْيَايَ وَمَمَاتِي لِلَّهِ رَبِّ ٱلْعَٰلَمِينَ﴾

2 ﴿أَلَا لَهُ ٱلْخَلْقُ وَٱلْأَمْرُ ۗ تَبَارَكَ ٱللَّهُ رَبُّ ٱلْعَٰلَمِينَ﴾

3 ﴿إِنِ ٱلْحُكْمُ إِلَّا لِلَّهِ ۖ يَقُصُّ ٱلْحَقَّ ۖ وَهُوَ خَيْرُ ٱلْفَٰصِلِينَ﴾

9, verset 31)[1].

-Obéir à Dieu et à ceux à qui Il a ordonné obéissance, savoir le Messager de Dieu (ﷺ), ainsi que les détenteurs du pouvoir temporel et spirituel dès lors qu'ils suivent le Livre de Dieu et la Sunna de Son Prophète. Il s'ensuit qu'il ne faut pas suivre celui qui appelle à autre chose qu'à l'ordre de Dieu, qu'il s'agisse de l'ego, du diable, du négateur, de l'égaré, de l'innovateur, du rebelle (*fâsiq*), de l'outrancier, du négligent ou de celui qui invite à un égarement. Dieu dit : « *N'obéissez pas à l'ordre des outranciers* » (Sourate 26, verset 151)[2] ; « *Vous qui croyez ! Si vous obéissez à un groupe de ceux auxquels on a don-*

---

1 ﴿ٱتَّخَذُوٓا۟ أَحْبَارَهُمْ وَرُهْبَـٰنَهُمْ أَرْبَابًا مِّن دُونِ ٱللَّهِ وَٱلْمَسِيحَ ٱبْنَ مَرْيَمَ وَمَآ أُمِرُوٓا۟ إِلَّا لِيَعْبُدُوٓا۟ إِلَـٰهًا وَٰحِدًا﴾

2 ﴿وَلَا تُطِيعُوٓا۟ أَمْرَ ٱلْمُسْرِفِينَ﴾

né le Livre, il fera de vous, après que vous ayez eu la foi, des dénégateurs » (Sourate 3, verset 100)[1] ; « *Ne vous ai-Je pas engagés, enfants d'Adam, à ne pas adorer le Diable ? Il est vraiment pour vous un ennemi déclaré* » (Sourate 36, verset 60).[2]

-Juger d'après ce que Dieu a fait descendre et Le prendre pour juge. Dieu dit : « *Ceux qui ne jugent pas d'après ce que Dieu a fait descendre, les voilà les négateurs.* » (Sourate 5, verset 44)[3] « *N'as-tu pas vu ceux qui prétendent croire à ce qu'on a fait descendre vers toi et à ce qu'on a fait des-*

---

1 ﴿يَٰٓأَيُّهَا ٱلَّذِينَ ءَامَنُوٓاْ إِن تُطِيعُواْ فَرِيقًا مِّنَ ٱلَّذِينَ أُوتُواْ ٱلْكِتَٰبَ يَرُدُّوكُم بَعْدَ إِيمَٰنِكُمْ كَٰفِرِينَ﴾

2 ﴿أَلَمْ أَعْهَدْ إِلَيْكُمْ يَٰبَنِىٓ ءَادَمَ أَن لَّا تَعْبُدُواْ ٱلشَّيْطَٰنَ إِنَّهُۥ لَكُمْ عَدُوٌّ مُّبِينٌ﴾

3 ﴿وَمَن لَّمْ يَحْكُم بِمَآ أَنزَلَ ٱللَّهُ فَأُوْلَٰٓئِكَ هُمُ ٱلْكَٰفِرُونَ﴾

cendre avant toi ? Ils veulent prendre pour juge le Rebelle, alors que c'est en lui qu'on leur a commandé de ne pas croire. Mais le Diable veut les pousser très loin dans l'égarement. Lorsqu'on leur dit : « Venez vers ce que Dieu a fait descendre et vers le Messager », tu vois les hypocrites s'écarter loin de toi. » (Sourate 4, versets 60-61)[1].

-Ne rien abhorrer de l'Islam peu ou prou. Dieu dit : « *Quant à ceux qui ont mécru, malheur à eux ! Dieu rendra leurs œuvres vaines. C'est parce qu'ils ont de la répulsion pour ce que Dieu a fait descendre. Il a rendu donc vaines leurs œuvres.* » (Sou-

1 ﴿أَلَمْ تَرَ إِلَى ٱلَّذِينَ يَزْعُمُونَ أَنَّهُمْ ءَامَنُوا۟ بِمَآ أُنزِلَ إِلَيْكَ وَمَآ أُنزِلَ مِن قَبْلِكَ يُرِيدُونَ أَن يَتَحَاكَمُوٓا۟ إِلَى ٱلطَّٰغُوتِ وَقَدْ أُمِرُوٓا۟ أَن يَكْفُرُوا۟ بِهِۦ وَيُرِيدُ ٱلشَّيْطَٰنُ أَن يُضِلَّهُمْ ضَلَٰلًۢا بَعِيدًا وَإِذَا قِيلَ لَهُمْ تَعَالَوْا۟ إِلَىٰ مَآ أَنزَلَ ٱللَّهُ وَإِلَى ٱلرَّسُولِ رَأَيْتَ ٱلْمُنَٰفِقِينَ يَصُدُّونَ عَنكَ صُدُودًا﴾

rate 47, versets 8-9)[1]

-Préférer la vie dernière au bas monde et ne pas tabler uniquement sur la vie de ce monde, car le faire est un acte de désobéissance. Dieu dit : « *Ceux qui veulent la vie présente et sa parure, Nous les rétribuerons exactement selon leurs actions sur terre, sans que rien leur en soit diminué. Ceux-là qui n'ont rien, dans l'au-delà, que le Feu. Ceux qu'ils auront fait ici-bas sera vain, et sera vain ce qu'ils auront œuvré.* » (Sourate 11, versets 15-16)[2] ; « *Dis : "Si vos pères, vos enfants, vos frères, vos*

---

1 ﴿وَٱلَّذِينَ كَفَرُواْ فَتَعْسًا لَّهُمْ وَأَضَلَّ أَعْمَٰلَهُمْ ذَٰلِكَ بِأَنَّهُمْ كَرِهُواْ مَآ أَنزَلَ ٱللَّهُ فَأَحْبَطَ أَعْمَٰلَهُمْ﴾

2 ﴿مَن كَانَ يُرِيدُ ٱلْحَيَوٰةَ ٱلدُّنْيَا وَزِينَتَهَا نُوَفِّ إِلَيْهِمْ أَعْمَٰلَهُمْ فِيهَا وَهُمْ فِيهَا لَا يُبْخَسُونَ أُوْلَٰٓئِكَ ٱلَّذِينَ لَيْسَ لَهُمْ فِى ٱلْأٓخِرَةِ إِلَّا ٱلنَّارُ ۖ وَحَبِطَ مَا صَنَعُواْ فِيهَا وَبَٰطِلٌ مَّا كَانُواْ يَعْمَلُونَ﴾

épouses, vos clans, les biens que vous gagnez, le négoce dont vous craignez le déclin et les demeures qui vous sont agréables, vous sont plus chers que Dieu, Son messager et la lutte dans le sentier de Dieu, alors attendez que Dieu fasse venir Son ordre. Et Dieu ne guide pas les gens pervers." » (Sourate 9, verset 24).[1]

-Ne point se moquer de quoi que ce soit figurant dans le Livre ou la Tradition prophétique, ni de leurs partisans, ni d'une prescription divine ni de l'un des rites de Dieu. 'Abd Allâh Ibn 'Umar rapporte : « Au cours de la bataille de Tabûk, dans

---

1 ﴿قُلْ إِن كَانَ ءَابَآؤُكُمْ وَأَبْنَآؤُكُمْ وَإِخْوَٰنُكُمْ وَأَزْوَٰجُكُمْ وَعَشِيرَتُكُمْ وَأَمْوَٰلٌ ٱقْتَرَفْتُمُوهَا وَتِجَٰرَةٌ تَخْشَوْنَ كَسَادَهَا وَمَسَٰكِنُ تَرْضَوْنَهَآ أَحَبَّ إِلَيْكُم مِّنَ ٱللَّهِ وَرَسُولِهِۦ وَجِهَادٍ فِى سَبِيلِهِۦ فَتَرَبَّصُوا۟ حَتَّىٰ يَأْتِىَ ٱللَّهُ بِأَمْرِهِۦ ۗ وَٱللَّهُ لَا يَهْدِى ٱلْقَوْمَ ٱلْفَٰسِقِينَ﴾

une assemblée qui se tenait à la mosquée, un homme déclara : « Je n'ai point vu de personnes aussi avides que nos lecteurs (du Coran), aussi inclinées au mensonge, aussi couardes dans le champ de bataille ». Un autre se leva alors et dit : « Ces propos, je les rapporterai au Messager de Dieu (ﷺ) ». Le Prophète (ﷺ) en fut informé ; c'est alors que fut révélé ce verset. « J'ai vu cet homme de mes propres yeux, poursuivit 'Abd Allâh Ibn 'Umar, s'accrochant à la queue de la chamelle du Messager de Dieu (ﷺ) et se blessant contre les pierres. Il disait : « Ô Messager de Dieu, nous ne faisions que bavarder et jouer ! » Et le Messager de Dieu (ﷺ) de réciter la parole de Dieu : {*Est-ce de Dieu, de Ses versets et de Son Messager que vous vous moquiez ?*}[1] (Sourate 9, verset 65)

---

1 ﴿قُلْ أَبِٱللَّهِ وَءَايَٰتِهِۦ وَرَسُولِهِۦ كُنتُمْ تَسْتَهْزِءُونَ﴾

-Ne pas déclarer licite ce que Dieu a interdit et vice versa, car le faire revient à renier Dieu. Dieu dit : « *Ne dites pas, selon ce que vos langues profèrent comme mensonges : « Ceci est licite, et cela est illicite », pour forger des mensonges contre Dieu. Certes, ceux qui forgent des mensonges contre Dieu ne prospéreront pas. Ce sera pour eux une piètre jouissance, mais un douloureux châtiment les attend.* » (Sourate 16, versets 116-117)[1]

-Ajouter foi en tous les textes du Livre et de la Tradition bien établie (*thâbita*). Dieu dit : « *Croyez-vous donc en une partie du Livre et rejetez-vous le reste ? Ceux*

---

1 ﴿وَلَا تَقُولُوا۟ لِمَا تَصِفُ أَلْسِنَتُكُمُ ٱلْكَذِبَ هَٰذَا
حَلَٰلٌ وَهَٰذَا حَرَامٌ لِّتَفْتَرُوا۟ عَلَى ٱللَّهِ ٱلْكَذِبَ ۚ إِنَّ
ٱلَّذِينَ يَفْتَرُونَ عَلَى ٱللَّهِ ٱلْكَذِبَ لَا يُفْلِحُونَ مَتَٰعٌ قَلِيلٌ وَلَهُمْ
عَذَابٌ أَلِيمٌ﴾

d'entre vous qui agissent de la sorte ne méritent que l'ignominie dans cette vie, et au Jour de la Résurrection ils seront refoulés vers le plus dur châtiment, et Dieu n'est pas inattentif à ce que vous faites. » (Sourate 2, verset 85)[1] Il faut savoir que ne pas croire en une partie du Livre de Dieu rend caduque la foi du musulman, car Dieu dit : « *C'est Nous qui avons fait descendre le Rappel et c'est Nous qui en sommes le garant.* » (Sourate 15, verset 9).[2] Par ailleurs, rejeter la Sunna bien établie annule la foi car cela revient à démentir l'Envoyé de Dieu (ﷺ), or traiter de mensonge une sunna bien établie (*thâbit*) c'est renier.

---

1 ﴿أَفَتُؤْمِنُونَ بِبَعْضِ ٱلْكِتَٰبِ وَتَكْفُرُونَ بِبَعْضٍ ۚ فَمَا جَزَآءُ مَن
يَفْعَلُ ذَٰلِكَ مِنكُمْ إِلَّا خِزْىٌ فِى ٱلْحَيَوٰةِ ٱلدُّنْيَا ۖ وَيَوْمَ ٱلْقِيَٰمَةِ
يُرَدُّونَ إِلَىٰٓ أَشَدِّ ٱلْعَذَابِ ۗ وَمَا ٱللَّهُ بِغَٰفِلٍ عَمَّا تَعْمَلُونَ﴾

2 ﴿إِنَّا نَحْنُ نَزَّلْنَا ٱلذِّكْرَ وَإِنَّا لَهُۥ لَحَٰفِظُونَ﴾

-Le cœur ne doit pas se crisper à l'évocation de Dieu ni se dilater et se réjouir quand il s'agit de quelque type d'associationnisme que ce soit. Dieu dit : « *Quand Dieu est mentionné seul, le cœur de ceux qui ne croient pas en l'au-delà se crispe et quand on mentionne ceux qui sont en dehors de Lui, voilà qu'ils se réjouissent.* » (Sourate 39, verset 45).[1] La crispation dont il est question dans ce verset désigne le resserrement ou, selon certains érudits, le dégoût et le fait de se détourner.

-Ne rien renier des Noms, des attributs et des actes de Dieu, ce qui implique d'avoir une bonne connaissance de Lui, laquelle doit être puisée dans le Livre de

1 ﴿إِذَا ذُكِرَ ٱللَّهُ وَحۡدَهُ ٱشۡمَأَزَّتۡ قُلُوبُ ٱلَّذِينَ لَا يُؤۡمِنُونَ بِٱلۡأٓخِرَةِۖ وَإِذَا ذُكِرَ ٱلَّذِينَ مِن دُونِهِۦٓ إِذَا هُمۡ يَسۡتَبۡشِرُونَ﴾

Dieu et la Sunna.

-Connaître l'Envoyé de Dieu (ﷺ) comme il sied de le faire. Mu<u>h</u>ammad (ﷺ) est le Prophète envoyé par Dieu à tous les gens, il est impeccable et le modèle à suivre.

-Il ne faut accuser de mécréance aucun des Gens de la profession de foi. L'Envoyé de Dieu (ﷺ) a dit : « Injurier un musulman, c'est de l'impiété ; le combattre, c'est de la mécréance »[1] ; il a également dit : « Quand un homme en accuse un autre d'impiété ou de mécréance, cela ne peut manquer de tourner contre lui si la personne qu'il accuse n'est pas telle qu'il le prétend. »[2] Il convient aussi de tenir pour mécréant toute personne qui n'adhère pas à l'attestation de foi.

---

1 Al-Bukhârî et Muslim.

2 Al-Bukhârî.

-Il ne faut pas accomplir ou vouer à autre que Dieu un acte dont Il a fait une adoration qu'on lui consacre exclusivement, comme d'égorger une bête pour une idole ou autre. Dieu dit : « *Dis : « En vérité, ma prière, mes actes de dévotion, ma vie et ma mort appartiennent à Dieu, Seigneur de l'Univers. A Lui nul associé ! Et voilà ce qu'il m'a été ordonné, et je suis le premier à me soumettre* » (Sourate 6, versets 162-163).[1] Il ne faut pas non plus invoquer quelqu'un en dehors de Dieu en pensant qu'il peut lui être utile ou nuisible ni jurer par autre que Dieu. Dieu dit : « *A lui l'appel de la Vérité ! Ceux qu'ils invoquent en dehors de Lui ne leur répondent d'aucune façon ; pas plus que l'eau ne saurait parvenir à la bouche de celui qui tend vers elle*

---

1 ﴿قُلْ إِنَّ صَلَاتِي وَنُسُكِي وَمَحْيَايَ وَمَمَاتِي لِلَّهِ رَبِّ ٱلْعَٰلَمِينَ لَا شَرِيكَ لَهُۥ وَبِذَٰلِكَ أُمِرْتُ وَأَنَا۠ أَوَّلُ ٱلْمُسْلِمِينَ﴾

ses deux mains pour qu'elle y parvienne. L'invocation des négateurs n'est que vanité » (Sourate 13, verset 14).[1] L'Envoyé de Dieu (ﷺ) a dit : « Quiconque jure par autre chose que Dieu a mécru – ou associé (à Dieu un autre que Lui) »[2]

---

1 ﴿لَهُۥ دَعۡوَةُ ٱلۡحَقِّۚ وَٱلَّذِينَ يَدۡعُونَ مِن دُونِهِۦ لَا يَسۡتَجِيبُونَ لَهُم بِشَيۡءٍ إِلَّا كَبَٰسِطِ كَفَّيۡهِ إِلَى ٱلۡمَآءِ لِيَبۡلُغَ فَاهُ وَمَا هُوَ بِبَٰلِغِهِۦۚ وَمَا دُعَآءُ ٱلۡكَٰفِرِينَ إِلَّا فِي ضَلَٰلٖ﴾

2 At-Tirmidhî.

Chapitre 3

La prière

Le mot *Salât* dérive du mot « *Sila* » (lien), car il met l'homme en relation avec Son Créateur.

En Islam, le mot *Ṣalât* s'applique à cette adoration que le Prophète (ﷺ) enseigna aux musulmans ; laquelle adoration est une somme de paroles et d'actes dont le but est de témoigner de la vénération à l'égard de Dieu, L'exalter, Le glorifier et Lui rendre grâce. La prière commence par le *Takbîr* [le fait de dire : Dieu est le Plus Grand] et s'achève par les salutations finales. Entre ces deux composantes de la prière il y a moult actes et paroles dont s'acquitte le musulman et que nous verrons plus loin.

La prière est la plus ancienne forme d'adoration, car elle fait partie des exigences de la foi ; aucune religion n'en a été exempte. Son effet quant à la purification des âmes et au rapprochement de celles-ci de Dieu étant grand, tous les Envoyés et Prophètes exhortèrent leurs peuples à l'observer.

Nous lisons dans le Coran cette invocation qu'Abraham (عليه السلام) adressa à Son Seigneur : « *Mon Seigneur ! Fais que je m'acquitte de la prière, moi, ainsi que ma descendance.* » (Sourate 14, verset 40).[1] De même, Dieu loue Ismaël (عليه السلام) par cette parole : « *Il ordonnait à sa famille la prière et l'aumône. Il était agréé par Son Seigneur.* » (Sourate 19, verset 55).[2] S'adressant à Son Envoyé Moïse (عليه السلام) Dieu dit : « *Moi, en vérité Je suis Dieu ! Il n'y a de dieu que Moi. Adore-Moi donc ! Observe la prière en M'invoquant.* » (Sou-

---

1 ﴿رَبِّ ٱجْعَلْنِي مُقِيمَ ٱلصَّلَوٰةِ وَمِن ذُرِّيَّتِي﴾

2 ﴿وَكَانَ يَأْمُرُ أَهْلَهُۥ بِٱلصَّلَوٰةِ وَٱلزَّكَوٰةِ وَكَانَ عِندَ رَبِّهِۦ مَرْضِيًّا﴾

rate 20, verset 14).[1] A leur tour, les Anges interpellèrent la mère de Jésus (عليه السلام) d'après ce que nous rapporte le Coran, en lui disant : « *Ô Marie ! Sois pieuse envers Ton Seigneur, prosterne-toi et incline-toi avec ceux qui s'inclinent.* » (Sourate 3, verset 43).[2] Rappelant les bienfaits de Dieu, Jésus (عليه السلام) dit : « *Il m'a béni, où que je sois. Il m'a recommandé la prière et l'aumône tant que je vivrai.* » (Sourate 19, verset 31).[3] Prenant alliance des Enfants d'Israël, Dieu établit la prière comme l'un des articles de base de ce pacte : « *Lorsque nous reçûmes l'alliance des fils d'Israël : « vous n'adorerez que Dieu,*

---

1 ﴿إِنَّنِيٓ أَنَا ٱللَّهُ لَآ إِلَٰهَ إِلَّآ أَنَا۠ فَٱعۡبُدۡنِي وَأَقِمِ ٱلصَّلَوٰةَ لِذِكۡرِيٓ﴾

2 ﴿يَٰمَرۡيَمُ ٱقۡنُتِي لِرَبِّكِ وَٱسۡجُدِي وَٱرۡكَعِي مَعَ ٱلرَّٰكِعِينَ﴾

3 ﴿وَجَعَلَنِي مُبَارَكًا أَيۡنَ مَا كُنتُ وَأَوۡصَٰنِي بِٱلصَّلَوٰةِ وَٱلزَّكَوٰةِ مَا دُمۡتُ حَيّٗا﴾

soyez bons à l'égard de vos parents, de vos proches, des orphelins et des pauvres. Usez envers les hommes de paroles de bonté ; acquittez-vous de la prière ; faites l'aumône. » (Sourate 2, verset 83).[1] Dieu dit également en s'adressant à Mu<u>h</u>ammad (ﷺ) : « *Ordonne la prière à ta famille et persévère toi-même dans la prière. Nous ne te réclamons aucun bien. C'est Nous qui te donnons ta subsistance. La fin heureuse sera pour ceux qui craignent Dieu.* » (Sourate 20, verset 132).[2] Dans ce verset, Dieu incite Son Envoyé ainsi que l'ensemble de la communauté des croyants à com-

---

1 ﴿وَإِذْ أَخَذْنَا مِيثَٰقَ بَنِىٓ إِسْرَٰٓءِيلَ لَا تَعْبُدُونَ إِلَّا ٱللَّهَ وَبِٱلْوَٰلِدَيْنِ إِحْسَانًا وَذِى ٱلْقُرْبَىٰ وَٱلْيَتَٰمَىٰ وَٱلْمَسَٰكِينِ وَقُولُوا۟ لِلنَّاسِ حُسْنًا وَأَقِيمُوا۟ ٱلصَّلَوٰةَ وَءَاتُوا۟ ٱلزَّكَوٰةَ﴾

2 ﴿وَأْمُرْ أَهْلَكَ بِٱلصَّلَوٰةِ وَٱصْطَبِرْ عَلَيْهَا ۖ لَا نَسْـَٔلُكَ رِزْقًا ۖ نَّحْنُ نَرْزُقُكَ ۗ وَٱلْعَٰقِبَةُ لِلتَّقْوَىٰ﴾

mander aux leurs la constance dans la prière.

Le but de la prière

La prescription de la prière a pour but de permettre au musulman d'être en présence avec Dieu, de Le louer et de Le glorifier comme il Lui sied, autant par la parole que par le geste, manifestant ainsi sa reconnaissance pour Ses bienfaits innombrables. Rappel des commandements divins, la prière confère également au croyant la force nécessaire de surmonter les épreuves et les difficultés de la vie.

Rythmant la journée du musulman, la prière est pour qui s'en acquitte convenablement une lumière qui l'aide à cheminer dans ce monde en se maintenant sur la voie droite sans risquer de se perdre ou de répondre à l'appel de son âme bestiale et à celui du diable qui cherche à l'écarter de la voie de Son seigneur à tout prix. Les cinq prières canoniques ponctuent la journée permettant ainsi au croyant de se souvenir constamment de Dieu, de ne point oublier sa condition et sa mission, de revoir son comportement, et de se prémunir contre le péché et les choses blâmables. Dieu dit : « *En vérité, la prière préserve de la turpitude et du blâmable. Le rappel de Dieu est certes ce qu'il y a de plus grand. Dieu sait ce que vous faites.* » (Sourate 29, verset 45).[1]

La prière maintient le sens moral en éveil, efface les fautes dont l'homme ne peut, de par sa nature peccable, se

---

1 ﴿وَأَقِمِ ٱلصَّلَوٰةَۖ إِنَّ ٱلصَّلَوٰةَ تَنْهَىٰ عَنِ ٱلْفَحْشَآءِ وَٱلْمُنكَرِۗ وَلَذِكْرُ ٱللَّهِ أَكْبَرُۗ وَٱللَّهُ يَعْلَمُ مَا تَصْنَعُونَ﴾

départir ; permet de résister aux malheurs et aux épreuves de la vie et de les supporter. Dieu dit : « *Ô vous qui croyez, cherchez assistance dans la patience et la prière* » (Sourate 2, verset 153)[1] ; c'est-à-dire en prenant la prière comme refuge contre les épreuves difficiles qui vous frappent. Par la patience, vous obtiendrez Ma satisfaction et par la prière, vous obtiendrez de Ma part ce que vous recherchiez [comme succès et comme prospérité spirituels] et ce dont vous aviez besoin [comme soutien et comme pardon].[2]

Elle fait accéder à la miséricorde de

---

1 ﴿يَٰٓأَيُّهَا ٱلَّذِينَ ءَامَنُواْ ٱسۡتَعِينُواْ بِٱلصَّبۡرِ وَٱلصَّلَوٰةِۚ إِنَّ ٱللَّهَ مَعَ ٱلصَّٰبِرِينَ﴾

2 [Commentaire du Coran] *Tafsîr At-Tabarî*, traduit par Pierre Godé ; éditions d'art Les Heures Claires, Paris, 1984 ; pp.159-160.

Dieu, car en évoquant Dieu notamment dans la prière, le serviteur se voit combler de la miséricorde, du pardon de Dieu. Qui plus est Dieu le fait accroître en piété. Dieu dit : « *Invoquez-Moi, Je Me souviendrai de vous*. » (Sourate 2, verset 152)[1]

On lit dans le *hadîth* authentique : « Dieu le Très-Haut affirme : « *S'il Me mentionne en lui-même, Je le mentionnerai en Moi-même ; s'il Me mentionne en public, Je le mentionnerai Moi-même dans un public bien meilleur encore* »[2].

La prière apporte aussi paix et sérénité : « *Ceux qui ont cru, et dont les cœurs se tranquillisent à l'évocation de Dieu* » (Sou-

---

1 ﴿فَٱذْكُرُونِىٓ أَذْكُرْكُمْ﴾

2 Al-Bukhârî (7405) et Muslim (2675).

rate 13, verset 28).[1] C'est-à-dire, ceux dont les cœurs retrouvent la paix auprès de Dieu et la quiétude dans Son évocation. Le Prophète (ﷺ) ne disait-il pas : « Ô Bilâl ! Réconforte-nous par la prière. »[2] C'est cet apaisement puisé dans la prière qui poussait le Prophète (ﷺ) a prolongé celle-ci.

Le Message de l'Islam vise à élever l'être humain et cherche à promouvoir son ascension tant matérielle que spirituelle. C'est pour cette raison que Dieu a prescrit la prière et a imposé de se purifier avant de l'accomplir. La prière n'est rien d'autre que l'expression rationnelle du sentiment que le serviteur éprouve à l'égard de son Seigneur. Debout, l'orant

---

1 ﴿ٱلَّذِينَ ءَامَنُوا۟ وَتَطْمَئِنُّ قُلُوبُهُم بِذِكْرِ ٱللَّهِ﴾

2 Abû Dâwûd.

récite ce qu'il peut du Noble Coran. L'inclinaison et la prosternation comprennent la glorification de Dieu le Très-Haut, en actes comme en paroles. Assis, l'orant salue son Seigneur avant de terminer sa prière en saluant celui qui est à sa droite et à sa gauche. La prière constitue une obligation qu'il convient d'accomplir à des heures précises. Elle attire l'homme vers Dieu le matin, à midi, dans l'après-midi et le soir, et ne compte pas plus de dix-sept cycles de prière. Au total, il ne faut pas plus d'une demi-heure pour s'en acquitter. Est-ce trop pour un homme que de répartir ces moments d'éveil spirituel et moral sur un jour et une nuit ?[1]

Voici quelques *hadîth* qui vantent certains mérites de la prière. L'Envoyé de

1 Ceci est notre religion, p.115 ; éditions Maison d'Ennour, 2014.

Dieu (ﷺ) a dit : « Supposez qu'une rivière passe devant la porte de l'un d'entre vous et que celui-ci s'y lave cinq fois par jour. Pensez-vous qu'après cela il lui resterait la moindre saleté ? – Non, assurément, répondirent-ils, il ne lui resterait pas la moindre saleté. – Eh ! bien, ajouta-t-il, il en est de même des cinq prières (canoniques), c'est par elles que Dieu efface les fautes. »[1] ;

« Un homme ayant embrassé une femme, vint le dire au Prophète (ﷺ). Alors Dieu le Très-Haut révéla ces paroles : {*Accomplis la prière aux deux pointes du jour, et au cours des heures de la nuit. Les actions belles dissipent les mauvaises*} (sourate 11, verset 114)[2]. – Ô Envoyé

1 Al-Bukhârî et Muslim.

2 ﴿ٱلَّذِينَ ءَامَنُواْ وَتَطۡمَئِنُّ قُلُوبُهُم بِذِكۡرِ ٱللَّهِۗ﴾

de Dieu, demanda l'homme, est-ce pour moi que cela a été révélé ? – (Oui, répondit le Prophète (ﷺ) et aussi) pour tous les membres de ma Communauté sans exception. »[1]

L'Envoyé de Dieu (ﷺ) a dit : « Les cinq prières (canoniques), l'office (publique) d'un vendredi à l'autre, sont une expiation des péchés commis entre deux, pourvu que l'on ne se charge pas de péchés capitaux. »[2]

L'Envoyé de Dieu (ﷺ) a dit : « Il n'est pas d'individu musulman à qui une prière prescrite ne se présente[3] et qui ne s'acquitte correctement des petites ablutions, du recueillement et des inclina-

---

1 Al-Bukhârî et Muslim.

2 Muslim.

3 C'est-à-dire : dont le temps légal a commencé.

tions qui s'y rapportent, sans que cette prière ne soit une expiation des péchés (qu'il a commis) par le passé, à condition de ne pas commettre un péché capital. Il en sera ainsi jusqu'à la fin des temps. »[1]

Évoquant les secrets de la prière, Waliy Allâh Ad-Dahlawî dit : « Sache que l'homme est parfois enlevé comme un éclair auprès de l'enceinte de la sainteté (présence divine), et se trouve adhérent, avec le plus grand attachement possible, au seuil de Dieu. Là, descendent sur cet homme des transfigurations divines, qui dominent son âme. Il y voit et sent des choses que la langue humaine est incapable de décrire. L'état-éclair une fois passé, l'homme revient à sa condition précédente, et se trouve tourmenté par cette perte de l'extase. Il essaie

1 Muslim.

donc de rejoindre ce qui lui échappait, et il se met dans sa condition d'ici-bas, la plus proche de la condition d'absorption dans la connaissance de Dieu. C'est la condition du respect, du dévouement et de la conversation presque directe avec Dieu, condition qu'accompagnent les gestes ainsi que les paroles appropriées. La prière consiste essentiellement entre trois éléments : d'abord le sentiment d'humilité devant la présence majestueuse de Dieu, ensuite la reconnaissance de cette supériorité divine et humilité humaine, par des paroles convenables, et enfin l'adoption pour son corps et tous ses organes de la posture de respect nécessaire... Pour rendre hommage à quelqu'un, on se lève et l'on se tourne vers l'objet de son respect et de son invocation. Plus respectueux encore, l'homme s'incline et baisse la tête par révérence... le faîte et le sommet de l'humilité est de baisser la tête – qui concentre, en son plus haut degré, le "moi" de la conscience – si bien qu'elle touche le sol devant l'objet du respect... Comme l'homme n'atteint l'apogée de son évolution spirituelle que graduellement, il est évident qu'une telle ascension doit traverser ces trois étapes : une prière complète comportera les trois postures à savoir : rester debout, s'incliner et poser le front sur le sol en présence de Dieu – tout cela pour acquérir l'évolution nécessaire de l'âme, en vue de sentir la sublimité divine et l'humilité devant Dieu. »[1]

1 *Hujjat Allâh Al-Bâligha*, Shâh Waliy Allâh Ad-Dahlawî ; éditions Dâr Al-Jîl, 2005.

La prière est une obligation

La prière participe de ce que l'on appelle "*ma'lûm mina ad-dîn bi-d-darûra*" autrement dit des choses connues d'une manière sûre et certaine comme étant un principe de la religion.

Premier culte prescrit par Dieu, la prière a été rendue obligatoire lors de la nuit de l'ascension du Prophète (ﷺ). Dieu a interpellé à son sujet son Envoyé directement et sans intermédiaire, attendu son importance et sa grande valeur auprès de Dieu Puissant et Majestueux. C'est pourquoi Dieu dénonce avec force celui qui la délaisse et l'abaisse jusqu'au degré de la négation et de l'errance totale.

Celui qui abandonne la prière s'éloigne en fait de l'Islam, faillit à ses obligations religieuses, provoque la colère de son Seigneur, glisse lui-même vers la perdition et annule son œuvre, car il contrevient aux versets explicites de Dieu sur la prière. Or celui qui ne se conforme pas aux ordres de Dieu est assimilé au négateur car, s'il les reconnaissait, il agirait selon leur contenu et obéirait aux commandements célestes.[1]

L'abandon de la prière par abjuration ou reniement est considéré comme une apostasie et un déni de la religion musulmane, et ce, de l'avis unanime des musulmans. Quant à celui qui croit en la prière et est convaincu de son caractère obligatoire, mais s'abstient de l'accomplir, soit par paresse, soit par distraction, ce qui est inacceptable du point de

---

1 Enseignement de la prière, Muhammad As-Sawâf, p.17 ; éditions Maison d'Ennour, 2013.

vue religieux, celui-là plusieurs *hadîth* le déclarent apostat.[1]

Dieu dit : « *La prière demeure, pour les croyants, une prescription, à des moments déterminés.* » (Sourate 4, verset 103)[2] ;

« *Mais s'ils se repentent, s'ils s'acquittent de la prière, s'ils font l'aumône, ils deviennent vos frères en religion* » (Sourate 9, verset 11)[3] ;

« *Puis leur succédèrent des générations qui délaissèrent la prière et suivirent leurs passions. Ils se trouveront en perdition* »

---

1 *Fiqh As-Sunna*, Sayyid Sâbiq, p.105 ; éditions Maison d'Ennour, 2007.

2 ﴿إِنَّ ٱلصَّلَوٰةَ كَانَتْ عَلَى ٱلْمُؤْمِنِينَ كِتَٰبًا مَّوْقُوتًا﴾

3 ﴿فَإِن تَابُوا۟ وَأَقَامُوا۟ ٱلصَّلَوٰةَ وَءَاتَوُا۟ ٱلزَّكَوٰةَ فَإِخْوَٰنُكُمْ فِى ٱلدِّينِ﴾

(Sourate 19, verset 59)[1].

Le Prophète (ﷺ), quant à lui, a dit : « Il y a cinq prières prescrites par Dieu aux serviteurs. Celui qui les accomplit convenablement sans rien négliger de leur exigence aura auprès de Dieu l'engagement de le faire entrer au Paradis. Quant à celui qui les néglige, il n'aura aucun engagement auprès de Dieu, s'il veut Il le châtie et s'Il veut Il le fait entrer au Paradis. »[2]

« Celui qui persévère dans la prière, elle sera pour lui une lumière, une preuve et une planche de salut le Jour de la résurrection : celui qui la néglige, elle

---

1 ﴿فَخَلَفَ مِنۢ بَعۡدِهِمۡ خَلۡفٌ أَضَاعُواْ ٱلصَّلَوٰةَ وَٱتَّبَعُواْ ٱلشَّهَوَٰتِۖ فَسَوۡفَ يَلۡقَوۡنَ غَيًّا﴾

2 Ahmad, Abû Dâwûd, An-Nasâ'î, Ibn Mâjah, Ad-Dârimî, Mâlik, Ibn Hibbân.

ne lui sera d'aucun secours, et il sera, le Jour de la résurrection, avec Qârûn, Pharaon, Hamân et Ubayy Ibn Khalaf. »[1]

« Entre l'homme et l'incroyance, il y a l'abandon de la prière. »[2]

« La première chose dont l'homme devra rendre compte le jour de la résurrection c'est la prière. Si elle est valable, toute son œuvre le sera ; et si elle est défectueuse, toute son œuvre le sera. »[3]

Qui doit prier ?

La prière est une obligation pour tout musulman adulte, sain d'esprit. Selon 'Â'isha (ﷺ), le Prophète (ﷺ) a dit : « Trois

---

1 Ahmad, At-Tabarânî et Ibn Hibbân.

2 Ahmad, Muslim, Abû Dâwûd, At-Tirmidhî et Ibn Mâjah.

3 At-Tabarânî.

personnes ne sont pas comptables de leurs actes : le dormeur, jusqu'à ce qu'il se réveille, l'enfant, jusqu'à ce qu'il atteigne sa puberté et l'aliéné mental jusqu'à ce qu'il recouvre sa raison. »[1]

Le Prophète (ﷺ) dit à Mu'âdh en l'envoyant au Yémen : « Invite-les à attester qu'il n'y a d'autre dieu que Dieu et que Mu<u>h</u>ammad est l'Envoyé de Dieu (ﷺ) ; s'ils obéissent à cette prescription, enseigne-leur que Dieu leur a prescrit cinq prières pour chaque jour et nuit »[2]

Où l'on voit que la prière n'est rendue obligatoire que lorsque certaines conditions sont réunies. Ainsi l'on ne peut demander à un non musulman de s'acquitter de la prière ; il sied d'abord

1 A<u>h</u>mad, Al-<u>H</u>âkim et At-Tirmidhî.

2 Al-Bukhârî

qu'il proclame son adhésion à l'islam en prononçant l'attestation de foi.

De même, le fou n'est pas tenu d'accomplir la prière, car la foi ainsi que les actes qui en découlent sont tributaires de la volonté de l'être, or celle-ci procède de la raison, laquelle confère à l'homme la possibilité de choisir et d'aller au-devant de l'action. Dépourvu de la faculté de raisonner l'aliéné mental ne peut dès lors vouloir, choisir et agir en connaissance de cause, c'est pourquoi n'est-il pas exigé de lui de prier.

Les conditions de validité de la prière

La prière ne peut être effectuée ni le serviteur se tenir devant Son Seigneur que si sont satisfaites les conditions suivantes :

1-La pureté : Elle concerne aussi bien

le corps que les vêtements et le lieu où l'on prie.

2-Se couvrir les parties intimes : Il s'agit chez l'homme des parties honteuses stricto sensu (organes génitaux et postérieur), mais il est préférable de couvrir tout ce qui se situe entre le nombril et les genoux, ces parties en sus des cuisses étant selon certains érudits des parties intimes. Pour la femme, l'ensemble du corps excepté le visage et les deux mains est considéré comme partie intime.

3-L'entrée de l'heure légale de la prière, car il n'est pas permis de faire celle-ci avant son heure fixée.

4-On doit se tourner vers la *Qibla*, c'est-à-dire la Ka'ba.

La purification

L'Envoyé de Dieu dit : « La purification (*ṯuhûr*) est la moitié de la foi »[1]. On peut bien évidemment opter pour une lecture exotérique de ce *ẖadîth* et dire que la purification dont il est question est celle de l'extérieur, du corps, mais ce serait réduire la portée de ces paroles prophétiques qui sous-entendent la pureté de l'intérieur, du cœur et de l'âme. Qui plus est la pureté de l'apparence ne saurait à elle seule constituer la moitié de la foi.

1 Muslim.

Si la pureté rituelle du corps confère à l'homme la capacité d'entrer en prière, d'accéder à la présence de Dieu, de s'adresser à Dieu, la pureté du cœur est la clé de la porte de la présence divine, de la Proximité.

Selon l'imam Abû Hâmid Al-Ghazâlî, la purification se décline en quatre degrés, le plus bas d'entre eux est celui qui se focalise sur l'extérieur, le corps et le plus haut consiste à purifier le tréfonds de tout ce qui n'est pas Dieu.

Les deux sortes de purification sont en vérité consubstantielles, elles ne peuvent être séparées. Ainsi les mains que l'on lave doivent aussi être purifiées de tout ce qu'elles pourraient toucher sans qu'il leur soit pour autant licite ; de même pour la bouche qui doit être purifiée de tout ce que Dieu n'agrée pas et ne pas adresser à autre que Lui les paroles d'ordre adoratif comme de supplier l'aide ou de rappeler les faveurs. Le visage ne doit se tourner que vers Dieu, les pieds quant à eux ne doivent pas porter l'homme vers le lieu de la désobéissance.

Ces considérations spirituelles importantes soulignées, nous verrons maintenant dans le détail en quoi consistent les grandes ablutions (*ghusl*), les petites ablutions (*wuḏû'*) ainsi que les ablutions sèches qui se substituent aux deux premières dans certaines circonstances.

Les grandes ablutions

Le mot *ghusl* désigne l'action de répandre de l'eau pure et purifiante sur tout le corps avec l'intention de lever l'état d'impureté et être ainsi en mesure de prier. Dieu dit : « *Si vous êtes en état d'impureté, lavez-vous entièrement le corps.* » (Sourate 5, verset 6)[1]

Les grandes ablutions ou le lavage rituel ont pour but de se rendre corporellement propre aux fins d'être en mesure de prier. Elles sont obligatoires dans les situations suivantes : L'état d'impureté majeure (*Janâba*) à la suite d'un rapport intime, même s'il n'y a pas émission de sperme, ou après éjaculation par jouissance de sperme ou de sécrétions féminines ; la cessation des menstrues et des lochies ; l'entrée en islam ; et la mort, autrement dit on lave le mort par le biais des grandes ablutions.

Les grandes ablutions ont été instituées par le Coran et la Sunna. Dieu dit : « *Si vous êtes en état d'impureté, lavez-*

---

1 ﴿وَإِن كُنتُمْ جُنُبًا فَاطَّهَّرُوا۟﴾

vous entièrement le corps. » (Sourate 5, verset 6) ; « *N'accomplissez pas la prière en état d'impureté, avant de vous laver, à moins que vous ne soyez en voyage.* » (Sourate 4, verset 43)[1].

Dieu enjoint aux croyants de ne pas entreprendre la prière lorsqu'ils sont dans un état d'impureté majeure car cet état ne sied point à la solennité de ce moment qu'est la prière. Aussi lorsque l'on se trouve en état de *janâba* ou impureté majeure, on doit se laver pour sortir de cet état et être en mesure de prier.

Les actes que l'on ne peut faire quand on est en état d'impureté majeure

1-La prière ;

2-Les tours rituels autour de la Ka'ba ;

---

1 ﴿وَلَا جُنُبًا إِلَّا عَابِرِى سَبِيلٍ حَتَّىٰ تَغْتَسِلُوا۟﴾

3-Toucher, porter ou réciter le Coran[1] ;

4-Demeurer dans une mosquée, quoique rien n'empêche de la traverser seulement.

Il est recommandé de procéder aux grandes ablutions dans les cas suivants

1-**Pour aller prendre part à la prière du Vendredi**. Le Prophète (ﷺ) a dit : « Tout homme qui aura pratiqué la grande ablution le jour du vendredi, qui se sera purifié autant qu'il lui sera possible, qui s'oindra de sa pommade – ou (bien il a dit :) qui se frottera du parfum

1 Il est interdit à celui qui est en état d'impureté majeure de réciter le Coran, ne serait-ce qu'un passage, de l'avis de la plupart des savants. Voir *Fiqh As-Sunna* ; tome 1 ; éditions Maison d'Ennour, 2007.

qui se trouve en sa demeure –, puis qui se rendra à la prière assez tôt pour ne pas avoir à se glisser (et s'asseoir) entre deux fidèles, qui fera ensuite la prière qui lui a été prescrite [La prière en commun du vendredi] et gardera le silence pendant que l'imâm parlera, celui-là tous les péchés qu'il aura commis d'un vendredi à l'autre lui seront pardonnés. »[1] ; « Lorsque l'un d'entre vous viendra à l'office du vendredi, qu'il pratique les grandes ablutions. »[2]

2- Les grandes ablutions des deux fêtes (*ghusl al-'îdayn*).

3-Lorsqu'on procède au lavage rituel d'un mort.

4- En vue de l'*ihrâm* (l'état de

---

1 Al-Bukhârî.

2 Al-Bukhârî.

sacralisation).

5- Avant d'entrer à La Mecque.

6- Avant de stationner à 'Arafa.

Comment faire ses ablutions majeures ?

Pour que les grandes ablutions soient valables, il faut qu'elles remplissent deux conditions :

1-L'intention.

2- Le lavage de tous les membres.

Il est recommandé à celui qui procède aux grandes ablutions de suivre les gestes du Prophète (ﷺ) lorsqu'il se lavait. Ces gestes sont les suivants :

- Laver ses mains trois fois.

- Puis laver ses organes génitaux.

- Puis faire les ablutions mineures complètes comme celles de la prière. Le fidèle pourra cependant retarder le lavage des pieds jusqu'à ce qu'il ait achevé d'accomplir ses grandes ablutions.

- Puis verser trois fois de l'eau sur sa tête en passant ses doigts dans les cheveux pour que l'eau parvienne jusqu'aux racines.

- Puis répandre de l'eau sur la totalité du corps, en commençant par le côté droit, puis par le côté gauche, en veillant à frotter tout le corps (*dalk*). Le fidèle s'assurera que l'eau atteigne les replis et les parties dissimulées du corps, comme les aisselles, l'intérieur de ses oreilles, le nombril, entre les doigts de pieds.

Les grandes ablutions de la femme sont les mêmes que celles de l'homme, sauf que la femme n'a pas à dénouer ses tresses si l'eau parvient jusqu'aux racines des cheveux. Umm Salama (رضي الله عنها) a dit : « Une femme dit au Messager de Dieu (ﷺ) : « Je suis une femme qui a l'habitude de maintenir ses cheveux tressés ; dois-je les dénouer pour me laver de l'impureté majeure ? ». Il lui répondit : « Non, il te suffit de verser trois fois de l'eau sur ta tête, puis d'en verser sur tout ton corps. Tu seras ainsi purifiée »[1].

Les petites ablutions

Le *wuḏû'*, ou ablutions mineures, est une des conditions d'accomplissement de la prière. Il consiste à se purifier le visage, les mains, la tête et les pieds au moyen de l'eau.

1 Aḫmad, Muslim et At-Tirmidhî.

Dieu dit : « *Vous qui croyez ! Lorsque vous vous levez pour la prière, lavez vos visages et vos mains jusqu'aux coudes ; passez les mains (mouillées) sur vos têtes et lavez vos pieds jusqu'aux chevilles.* » (Sourate 5, verset 6)[1]

Le Prophète (ﷺ) a dit : « La prière de l'un de vous en état d'impureté ne sera pas acceptée de Dieu tant qu'il n'aura pas fait sa petite ablution »[2]

Mérites des ablutions mineures

L'Envoyé de Dieu (ﷺ) a dit : « Lorsque (les gens de) ma Communauté seront appelés au Jour de la résurrection, ils

---

1 ﴿يَٰٓأَيُّهَا ٱلَّذِينَ ءَامَنُوٓاْ إِذَا قُمۡتُمۡ إِلَى ٱلصَّلَوٰةِ فَٱغۡسِلُواْ
وُجُوهَكُمۡ وَأَيۡدِيَكُمۡ إِلَى ٱلۡمَرَافِقِ وَٱمۡسَحُواْ بِرُءُوسِكُمۡ
وَأَرۡجُلَكُمۡ إِلَى ٱلۡكَعۡبَيۡنِۚ﴾

2 Al-Bukhârî.

auront au front[1] et à l'extrémité des membres[2] des marques brillantes, traces de leurs petites ablutions. Que celui d'entre vous qui pourra étendre ses marques brillantes, le fasse. »[3]

« Celui qui fait ses petites ablutions et les fait bien, celui-là son corps sera ôté des péchés au point qu'ils sortiront de dessous ses ongles. »[4]

« Lorsque le serviteur musulman – ou croyant – fait sa petite ablution et lave

---

1 A l'origine, le mot *ghurr* désigne la tache blanche que le cheval a au front.

2 Le mot *muhajjal* signifie originellement avoir les deux pieds de devant et de derrière blancs à la fois, ou bien les deux pieds de derrière et un de devant ; on ne le dit pas lorsque le cheval a seulement les pieds de devant blancs.

3 Al-Bukhârî (136) et Muslim (246).

4 Muslim.

son visage, l'eau – ou la dernière goutte d'eau – (qui s'en écoule) emporte avec elle toutes les fautes commises par l'œil. Lorsqu'il se lave les avant-bras, l'eau – ou la dernière goutte d'eau – (qui s'en écoule) emporte avec elle toutes les fautes commises par la main. Enfin, lorsqu'il se lave les pieds, l'eau – ou la dernière goutte d'eau – (qui s'en écoule) emporte avec elle toutes les fautes commises par le pied, si bien qu'il sort (de son ablution) purifié de tous les péchés. »[1]

« Que ne vous indiquerai-je le moyen par lequel Dieu efface les fautes et élève en degrés ! – Si fait ! répondirent les fidèles. – Eh bien ! faire sa petite ablution comme il faut malgré la difficulté, multiplier ses pas en direction des mosquées, demeurer dans l'attente de la prière sui-

1 Muslim.

vante après avoir accompli (celle du moment) : c'est cela s'appliquer avec zèle et assiduité (à la religion) ! »[1]

« La purification est la moitié de la foi. »[2]

« Il n'est pas un de vous qui fasse ses petites ablutions avec soin – ou (bien il a dit :) comme il faut – puis qui dise : « J'atteste qu'il n'est de dieu que Dieu, Unique et sans associé, et que Mu<u>h</u>ammad est Son Serviteur et Son Envoyé », sans que les huit portes du Paradis lui soient ouvertes et qu'il y entre par celle de son choix. »[3]

Les érudits qui accordent plus d'importance à l'islam du dedans voient

---

1 Muslim.

2 Muslim.

3 Muslim.

dans le processus de purification deux aspects : extérieur et intérieur. Ainsi Ibn Qayyim Al-Jawziya dit : « Les petites ablutions permettent au serviteur de se purifier des souillures et d'aller à la rencontre de son Seigneur en étant pur. Elles ont un aspect extérieur et intérieur : Leur aspect extérieur concerne la purification du corps et des membres qui acquittent l'adoration. Quant à leur aspect intérieur et caché, il se rapporte à la purification du cœur, par le biais du repentir, des souillures des péchés et des désobéissances. Voilà pourquoi Dieu a lié le repentir à la purification dans Sa parole : « *Certes, Dieu aime ceux qui se repentent et Il aime ceux qui se purifient* » (Sourate 2 ; verset 222).[1]

1 Les secrets de la prière, pp. 29-30 ; éditions Sana, 2013.

Quand les ablutions mineures sont-elles obligatoires ?

1-Faire la prière ;

2-Accomplir les tours rituels autour de la Ka'ba (*Tawâf*) ;

Quand les ablutions mineures sont-elles recommandées ?

Elles le sont lorsqu'on veut :

1-Toucher le Coran ;

2-Pratiquer le rappel de Dieu ;

3-Se mettre au lit même lorsqu'on est en état d'impureté majeure ;

4-Chaque fois que l'on veut prier ;

5-Avant de faire ses grandes ablutions (*ghusl*) ;

﴿إِنَّ ٱللَّهَ يُحِبُّ ٱلتَّوَّٰبِينَ وَيُحِبُّ ٱلْمُتَطَهِّرِينَ﴾

Comment faire les petites ablutions ?

Après avoir préparé de l'eau pure, le musulman formule en son for intérieur l'intention de faire les ablutions mineures en vue de prier. Il dit ensuite : « *Bismillâhi r-rahmâni r-rahîm* » (Au Nom de Dieu Le Miséricordieux par essence et par excellence). Puis Il lave trois fois les mains jusqu'au poignet sans oublier l'interstice entre les doigts et en se frottant les mains. Il prend ensuite avec le creux de la main droite de l'eau et se rince la bouche soigneusement trois fois. Il aspire ensuite et expire l'eau par le nez, trois fois de suite, dans le but de laver le nez et de le débarrasser de toute saleté. Puis il lave le visage trois fois en s'assurant de faire parvenir l'eau aux moindres plis du visage, aux creux des orbites et à toute la surface du visage. Il lave alors trois fois les bras jusqu'aux coudes, en commençant par le bras droit. Puis il passe les mains mouillées sur sa tête d'avant en arrière et d'arrière en avant. Il est toutefois permis de passer une seule main sur une partie de la tête. Il essuie par la suite les oreilles extérieurement et intérieurement sans mouiller les mains de nouveau. Après cela, il lave ses pieds jusqu'aux chevilles en commençant par le pied droit et en frottant convenablement entre les orteils.

Lorsqu'on finit ses ablutions, on dit : "*Je témoigne qu'il n'y a de dieu que Dieu et que Mu<u>h</u>ammad est Son Envoyé*". On a déjà mentionné le *<u>h</u>adîth* où le Prophète (ﷺ) dit que celui qui s'acquitte des ablutions de manière soigneuse et proclame l'attestation de foi verra s'ouvrir devant lui les huit portes du Paradis.

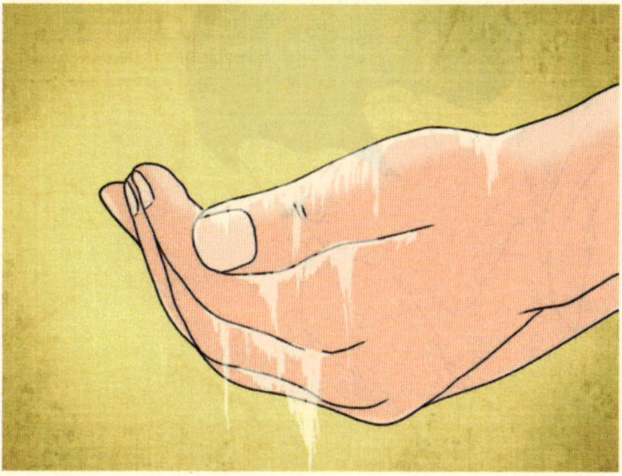

Se laver trois fois les mains jusqu'au poignet

Se rincer la bouche trois fois

Aspirer et expirer l'eau par le nez, trois fois

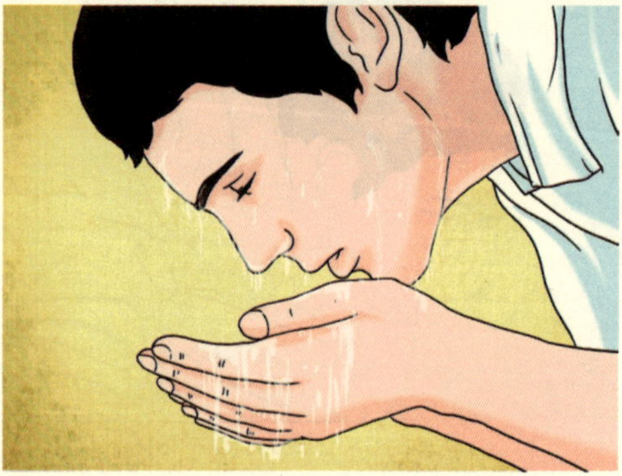

Laver le visage trois fois

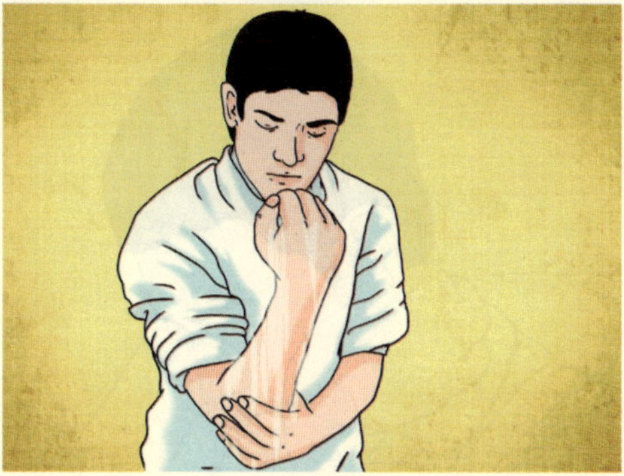

Laver trois fois les bras jusqu'aux coudes

Passer les mains mouillées sur la tête d'avant en arrière et d'arrière en avant

Essuyer les oreilles extérieurement et intérieurement

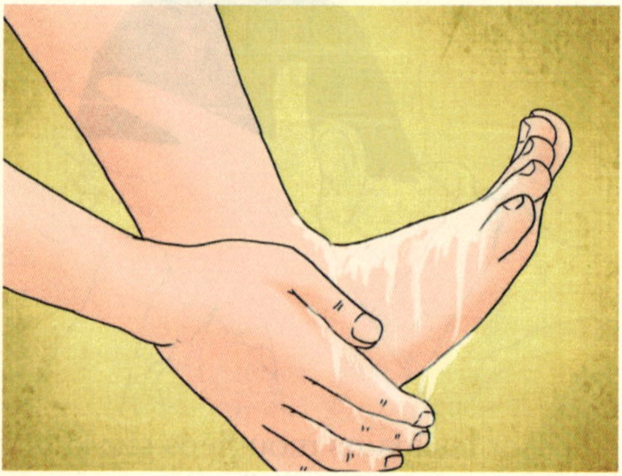

Laver trois fois les pieds jusqu'aux chevilles

Ce qui invalide les petites ablutions

1-Tout ce qui sort des deux orifices naturels de l'être humain comme l'urine, les selles, les gaz intestinaux ;

2- L'émission de sperme, de *madhy*[1] ou de *wady*[2] ou de sécrétions féminines ;

3- Le sommeil profond qui entraîne la perte totale de la conscience et qui empêche de rester en position assise ;

4- La perte de la raison pour cause de folie, d'évanouissement, d'ivresse ou de consommation de médicaments, que la durée de l'état d'inconscience soit courte

---

1 Le *madhy* désigne un liquide blanc et clair qui s'écoule à la suite d'attouchements ou accompagne simplement le souvenir ou le désir du commerce charnel.

2 Le *wady* est un liquide blanc et épais qui s'écoule à la suite de miction.

ou longue ;

5-Toucher directement ses parties génitales avec sensualité.

Le *Tayammum* ou ablutions sèches

« *Si vous êtes malades ou en voyage, ou si l'un de vous revient du lieu où il a fait ses besoins, ou si vous avez approché des femmes et que vous ne trouviez pas d'eau, alors recourez à une terre pure, et passez-vous-en sur le visage et sur les mains. Dieu, en vérité est Indulgent et Pardonneur* » (Sourate 4, verset 43).[1]

Le Prophète (ﷺ) a dit : « Nous avons trois privilèges par rapport aux autres

---

1 ﴿وَإِن كُنتُم مَّرْضَىٰٓ أَوْ عَلَىٰ سَفَرٍ أَوْ جَآءَ أَحَدٌ مِّنكُم مِّنَ ٱلْغَآئِطِ أَوْ لَـٰمَسْتُمُ ٱلنِّسَآءَ فَلَمْ تَجِدُوا۟ مَآءً فَتَيَمَّمُوا۟ صَعِيدًا طَيِّبًا فَٱمْسَحُوا۟ بِوُجُوهِكُمْ وَأَيْدِيكُمْ ۗ إِنَّ ٱللَّهَ كَانَ عَفُوًّا غَفُورًا﴾

communautés : nos rangs (durant la prière) ont été faits à l'image des rangs des anges, la terre entière nous est allouée comme lieu de prière, et la matière de sa surface nous est donnée pour purificateur si nous ne trouvons pas d'eau »[1]

Un homme vint trouver 'Umar Ibn Al-Khaṯṯâb et lui dit : « Je suis en état d'impureté et je ne trouve pas d'eau. » Alors 'Ammâr Ibn Yâsir dit à 'Umar Ibn Al-Khaṯṯâb : « Te souviens-tu qu'un jour nous étions dans un détachement et nous étions en état d'impureté majeure. Toi tu ne fis pas la prière, mais, quant à moi, je me roulai dans le sable et priai. Quand je racontai la chose au Prophète (ﷺ), celui-ci me dit : Il te suffisait de faire ainsi. Et, ce disant, le Prophète (ﷺ) frappa le sol avec ses mains, souffla dessus

1 Al-Bukhârî.

et les passa ensuite sur la figure et les mains. »[1]

Le *Tayammum* consiste à procéder aux ablutions avec de la terre, une pierre ou un autre objet solide issu de la terre, lorsque l'eau vient à faire défaut ou qu'elle risque d'aggraver une maladie ou une blessure.

Pour de nombreux érudits, les ablutions sèches (en usant de terre) ne sont agréées que si la personne concernée ne trouve pas d'eau après en avoir cherché.

Comment ont été prescrites les ablutions sèches ?

'Âisha (رضي الله عنها), la femme du Prophète (ﷺ) a dit : « Nous étions partis avec le Prophète (ﷺ) pour une de ses expédi-

1 Al-Bukhârî.

tions quand, arrivés à al-Baydâ' ou à Dhât al-Jaysh, je perdis le collier que je portais. Le Prophète (ﷺ) fit halte pour le rechercher, et tout le monde s'arrêta également. Comme on n'était pas à un point d'eau, les fidèles vinrent trouver Abû Bakr as-Siddîq et lui dirent : Ne vois-tu pas ce que vient de faire 'Â'isha ; elle a obligé l'Envoyé de Dieu (ﷺ) à s'arrêter et nous ne sommes pas à un point d'eau et personne n'a apporté d'eau. Abû Bakr alla trouver l'Envoyé de Dieu (ﷺ) qui, la tête posée sur ma cuisse, s'était endormi. – Tu as retenu, me dit-il, l'Envoyé de Dieu (ﷺ) et tout le monde ici, et nous ne sommes pas à un point d'eau et n'avons pas d'eau avec nous. Abû Bakr, continua 'Â'isha, m'adressa tous les reproches qu'il plut à Dieu de lui laisser dire, puis de sa main il me frappa à la taille. La place qu'occupait le Prophète

(ﷺ) sur ma cuisse était la seule raison qui m'empêchait de bouger. L'Envoyé de Dieu (ﷺ) se leva le lendemain matin et, comme on était sans eau, Dieu révéla le verset de l'ablution sèche et on fit l'ablution sèche. – Ô famille d'Abû Bakr, s'écria Usayd Ibn Hudayr, ce n'est pas la première faveur divine que vous attirez sur nous ». « Alors, ajouta 'Â'isha, nous fîmes lever le chameau qui me servait de monture et nous trouvâmes le collier sous l'animal. »[1]

Quand peut-on recourir au *Tayammum* ?

1-Lorsqu'on ne trouve pas d'eau, ou qu'on n'en trouve pas suffisamment pour se purifier ;

---

1 Al-Bukhârî (334).

2-Lorsqu'on a une blessure ou une maladie et qu'on craint que l'utilisation de l'eau n'aggrave la maladie ou retarde la guérison ;

3-Lorsque l'eau est très froide et que l'on craint, en l'utilisant, de subir un préjudice ;

4-Lorsque l'eau est proche, mais que l'on craint pour sa personne, son honneur ou ses biens ; ou de perdre ses compagnons ; ou qu'une bête ou un homme dangereux s'interpose entre soi et l'eau ; ou que l'on est emprisonné, ou incapable de puiser l'eau en l'absence d'un ustensile comme une corde et un seau ;

5-Lorsqu'on a besoin d'eau pour boire, immédiatement ou ultérieurement ;

6-Lorsqu'on est en mesure d'utiliser de l'eau, mais que l'on craint que l'heure impartie à la prière ne passe si l'on utilise cette eau pour ses ablutions mineures ou majeures.[1]

Comment faire le *Tayammum* ?

1-On dit : « *Bismillâhi r-rahmâni r-rahîm* ». On pose ensuite les mains ouvertes, les doigts bien écartés, sur la terre (ou sur la pierre, le sable). On touche la terre des mains ;

2-On relève les mains et, au besoin, on les frappe légèrement l'une contre l'autre ou on souffle dessus pour enlever la poussière qui pourrait s'y coller ;

3-On passe les deux mains sur le visage ;

4-On passe la main droite sur toute la

---

1 Pour plus de détails voir *Fiqh As-Sunna* ; tome 1, pp.87-92.

main gauche et la main gauche sur toute la main droite, jusqu'aux poignets.

Les ablutions sèches peuvent remplacer les ablutions mineures, voire majeures dès lors que l'on ne dispose pas d'eau, permettant ainsi d'effectuer toutes les choses que ces dernières autorisent comme la prière, toucher le Coran, faire les tours rituels autour de la Ka‘ba, etc.

Le *tayammum* ne peut servir que pour une seule prière obligatoire ; et on peut accomplir autant de prières surérogatoires, à condition de le faire à la suite de la prière canonique et non avant celle-ci.

Qu'est-ce qui annule les ablutions sèches ?

Les ablutions sèches sont annulées par ce qui annule les ablutions mineures ou majeures, car elles se substituent à ces dernières. Elles sont annulées aussi par la présence de l'eau pour celui qui n'en avait pas ou par la capacité d'en utiliser pour celui qui en était incapable.

La madéfaction

La madéfaction consiste à passer sa main mouillée sur les chaussons, les sandales, les chaussettes et autres.

Al-Mughīra Ibn Shu'ba rapporte que, dans un voyage où il accompagnait l'Envoyé de Dieu (ﷺ), celui-ci se retira pour satisfaire un besoin naturel. Al-Mughīra se mit ensuite à verser de l'eau au Prophète pour faire ses petites ablutions. Le Prophète (ﷺ) lava son visage et ses deux mains, passa les mains humides sur sa tête et en fit autant sur ses bottines (*al-khuff*).[1]

Toujours selon Al-Mughîra : « Au cours d'un voyage où j'accompagnais le Prophète (ﷺ), je voulus lui enlever ses *khuff*, mais il me dit : Laisse-les moi, j'avais fait l'ablution de mes pieds quand je les ai chaussées. Et il passa ses mains humides sur ses *khuff*. »[2]

Pour que la madéfaction des *khuff* soit valable, il faut que ceux-ci aient été enfilés après avoir fait les ablutions. C'est ce qui ressort du *hadîth* d'Al-Mughîra mentionné supra. Selon ce même *hadîth*, on doit madéfier seulement le dessus des chaussons.

Quant à la durée de validité de la madéfaction sur les chaussons pour celui

1 Al-Bukhârî (182).

2 Al-Bukhârî (206).

qui est établi dans un endroit fixe, elle est d'un jour et d'une nuit, tandis que pour le voyageur, elle est de trois jours et trois nuits.

Il convient de rappeler que trois choses invalident la madéfaction, savoir :

-L'expiration de la durée de madéfaction ;

-L'état d'impureté majeure ;

-Le fait d'enlever ses chaussons. Dans ce dernier cas il est nécessaire de refaire les petites ablutions et de remettre les chaussons si l'on souhaite bénéficier de cette dérogation (*rukhsa*).

Le passage des mains mouillées sur les pansements (*Al-Jabîra*)

Il est permis, lorsqu'on effectue ses ablutions mineures ou majeures, de passer les mains mouillées sur un pansement et autre qui sert à attacher un membre malade.

Jâbir rapporte : « Nous étions en voyage, lorsqu'un homme parmi nous fut atteint par une pierre qui le blessa à la tête. Puis, ayant fait un rêve érotique, il demanda conseil à ses compagnons en ces termes : « Pensez-vous que j'aie licence de faire les ablutions sèches ? Ses compagnons répondirent : « Non, tant que tu peux supporter l'eau ». Or, il fit ses grandes ablutions et mourut. Une fois revenus vers le Prophète (ﷺ), on lui rapporta ce fait. Il s'exclama alors : « Ils l'ont tué, que Dieu les tue ! Du moment qu'ils ignoraient ce qu'il fallait faire dans un cas pareil, pourquoi n'ont-ils pas demandé conseil ? N'est-ce pas que le remède de l'ignorant est de demander conseil pour tout ce qu'il ignore ? » Il aurait suffi à cet homme, de faire les ablutions sèches, de bander sa tête et de passer les mains sur son bandage, puis de laver tout son corps. »[1]

Il n'est pas exigé que la madéfaction du pansement soit précédée de la purification, et sa validité n'est pas limitée dans le temps. Cependant il est exigé que le pansement ne dépasse pas l'endroit de la blessure, à moins que ce soit nécessaire pour le bandage ; il ne faut pas non plus enlever le bandage ou le garder après la guérison. Si le pansement est enlevé ou que la blessure est guérie, la madéfaction n'a plus lieu d'être et les ablutions complètes s'imposent.

1 Abû Dâwûd, An-Nasâ'î, Ibn Hibbân, Ad-Dâraqutnî et Al-Hâkim.

Quant à la manière de faire la madéfaction du pansement, elle consiste à passer la main mouillée une seule fois sur le pansement.

Les heures des prières

La prière est une obligation ponctuelle ; le croyant doit s'en acquitter à des heures précises de la journée. Dieu dit : « *La prière demeure, pour les croyants, une prescription, à des temps déterminés* » (Sourate 4, verset 103).[1] Aussi l'on ne peut accomplir une prière canonique qu'une fois arrivé son temps déterminé par le législateur. Une prière ne peut pas non plus être remise à plus tard de manière délibérée.

Si l'Islam a fixé des heures précises

1 ﴿إِنَّ ٱلصَّلَوٰةَ كَانَتۡ عَلَى ٱلۡمُؤۡمِنِينَ كِتَٰبٗا مَّوۡقُوتٗا﴾

pour l'accomplissement des cinq prières quotidiennes c'est aux fins qu'elles marquent les actes de l'homme, dirigent celui-ci vers l'adoration, et lui indiquent les voies du bien. Ainsi l'heure de la prière de l'Aube coïncide avec le réveil de l'homme et lui permet d'aborder sa nouvelle journée en adorant Son Seigneur. De même la prière du *Dhuhr* (midi) intervient quand l'homme se prépare à prendre son déjeuner, lui indiquant ainsi qu'il a besoin d'une nourriture spirituelle en sus de la nourriture matérielle. Quant à l'heure de la prière du *'Asr* (après-midi), elle arrive lorsque l'homme rentre chez lui, épuisé après une journée de labeur. La prière le soulage alors et lui apporte repos et sérénité. Avec la prière du *Maghrib*, l'homme fait ses adieux à la journée et s'apprête à accueillir le soir où les âmes s'apaisent et se déchargent des difficultés rencontrées durant la journée. Enfin la prière du *Ishâ'* (soir) intervient juste avant que l'homme ne s'endorme, parachevant ainsi son œuvre quotidienne.[1]

L'heure de la prière du *dhuhr* (midi) commence lorsque le soleil entame sa déclinaison du milieu du ciel et s'étend jusqu'au moment où l'ombre de toute chose égale sa réelle dimension.

L'heure du *'asr* (après-midi) débute lorsque l'ombre de toute chose devient son égale, après l'ombre de la méridienne, et s'étend jusqu'au coucher du soleil.

Le temps imparti ou le délai de la prière du *maghrib* (coucher) commence au moment où le soleil se couche et dis-

1 *Rûh As-Salât*, 'Afîf Tabbâra ; éditions Dâr al-'ilm li-l-malâyîn, 2003.

paraît à l'horizon et il s'étend jusqu'à la fin du crépuscule.

Le temps imparti à la prière du *'ishâ'* (soir) commence avec la disparition de la couleur rougeâtre du crépuscule et s'étend jusqu'au milieu de la nuit.

L'heure de la prière du *Subh* (Aube) commence dès les premières lueurs de l'aurore et s'étend jusqu'au lever du soleil.

Il est interdit de prier entre le *subh* et le lever du soleil, puis depuis le lever du soleil jusqu'à ce qu'il atteigne la hauteur d'une lance, puis entre la fin de la prière de l'après-midi (*'asr*) et le coucher du soleil.

Le Prophète (ﷺ) a dit : « Point de prière après la prière de l'après-midi (*'asr*) jusqu'au coucher du soleil ; point de prière après la prière de l'aurore (*fajr*) jusqu'au lever du soleil. »[1]

Toutefois les *fuqahâ'* soutiennent qu'il est permis de prier après le *subh* ou le '*asr* lorsqu'on n'a pas pu accomplir à temps l'une des cinq prières canoniques. Ils invoquent en guise d'argument le *hadîth* du Prophète (ﷺ) : « Que celui qui oublie une prière l'accomplisse dès qu'il s'en rappelle. »[2]

Comment faire l'*adhân* ?

Selon des *hadîth sahîh*, l'appel à la prière (*adhân*) se fait de la manière suivante :

1 Al-Bukhârî et Muslim.

2 Al-Bukhârî et Muslim.

اللَّهُ أَكْبَرُ اللَّهُ أَكْبَرُ اللَّهُ أَكْبَرُ اللَّهُ
أَكْبَرُ

أَشْهَدُ أَنْ لَا إِلَهَ إِلَّا اللَّهُ أَشْهَدُ أَنْ
لَا إِلَهَ إِلَّا اللَّهُ

أَشْهَدُ أَنَّ مُحَمَّدًا رَسُولُ اللَّهِ
أَشْهَدُ أَنَّ مُحَمَّدًا رَسُولُ اللَّهِ

حَيَّ عَلَى الصَّلَاةِ حَيَّ عَلَى
الصَّلَاةِ

حَيَّ عَلَى الْفَلَاحِ حَيَّ عَلَى الْفَلَاحِ

اللَّهُ أَكْبَرُ اللَّهُ أَكْبَرُ لَا إِلَهَ
إِلَّا اللَّهُ

1. *Allâhu akbaru l-lâhu akbar. Allâhu akbaru l-lâhu akbar.*

2. *Ashhadu allâ ilâha illa l-lâh ashhadu allâ ilâha illa l-lâh.*

3. *Ashhadu anna Muhammadan rasûlu l-lâh ashhadu anna Muhammadan rasûlu l-lâh.*

4. *Hayya ‘ala s-salât hayya ‘ala s-salât.*

5. *Hayya ‘ala l-falâh hayya ‘ala l-falâh.*

6. *Allâhu akbaru l-lâhu akbar.*

7. *Lâ ilâha illa l-lâh.*

1. Dieu est Le Plus Grand, Dieu est Le Plus Grand, Dieu est Le Plus Grand, Dieu est Le Plus Grand.

2. Je témoigne qu’il n’est de dieu que Dieu, je témoigne qu’il n’est de dieu que Dieu.

3. Je témoigne que Muhammad est l'Envoyé de Dieu, je témoigne que Muhammad est l'Envoyé de Dieu.

4. Venez à la prière, venez à la prière.

5. Venez au succès, venez au succès.

6. Dieu est Le Plus Grand, Dieu est Le Plus Grand.

7. Il n'est de dieu que Dieu. »

Dans la prière de l'aube, le muezzin dit, après la cinquième formule et avant la sixième :

الصَّلاةُ خَيْرٌ مِنَ النَّوْمِ الصَّلاةُ خَيْرٌ مِنَ النَّوْمِ

Assalâtu khayrun mina n-nawm, assalâtu khayrun mina n-nawm

La prière est meilleure que le sommeil,

la prière est meilleure que le sommeil.

Il sied d'écouter attentivement les paroles de l'Adhân et répéter ce que dit le muezzin, sauf lorsqu'il prononce les formules

حَيَّ عَلَى الصَّلَاةِ حَيَّ عَلَى الصَّلَاةِ

Hayya 'ala s-salât hayya 'ala s-salât.

حَيَّ عَلَى الْفَلَاحِ حَيَّ عَلَى الْفَلَاحِ

Hayya 'ala l-falâh hayya 'ala l-falâh.

où l'on doit dire deux fois de suite :

لَا حَوْلَ وَلَا قُوَّةَ إِلَّا بِاللَّهِ

Lâ hawla wa lâ quwwata illâ billâh

Il n'y a de force ni de puissance que par Dieu.

Comment faire l'*iqâma* ou l'annonce du début de la prière ?

اللَّهُ أَكْبَرُ اللَّهُ أَكْبَرُ

أَشْهَدُ أَنْ لَا إِلَهَ إِلَّا اللَّهُ

أَشْهَدُ أَنَّ مُحَمَّدًا رَسُولُ اللَّهِ

حَيَّ عَلَى الصَّلَاةِ

حَيَّ عَلَى الْفَلَاحِ

قَدْ قَامَتِ الصَّلاةُ قَدْ قَامَتِ الصَّلاةُ

اللَّهُ أَكْبَرُ اللَّهُ أَكْبَرُ

لَا إِلَهَ إِلَّا اللَّهُ

1. *Allâhu akbaru l-lâhu akbar (deux fois)*

2. *Ashhadu allâ ilâha illa l-lâh* (une fois)

3. *Ashhadu anna Muhammadan rasûlu al-lâh* (une fois)

4. *Hayya ‘ala s-salât* (une fois)

5. *Hayya ‘ala l-falâh* (une fois)

6. *Qad qâmati s-salât* (deux fois)

7. *Allâhu akbaru l-lâhu akbar* (deux fois)

8. *Lâ ilâha illa l-lâh* (une fois).

Les conditions de validité de la prière

Il s’agit des conditions sans lesquelles la prière est nulle.

1- Connaître l’horaire des prières.

2- Ne pas être en état d’impureté mineure ou majeure.

3- Le corps, les vêtements et l'endroit où l'on fait la prière doivent être propres.

Les obligations de la prière

1- Formuler l'intention de faire la prière ;

2- Prononcer la formule de sacralisation (*ihrâm*) « Dieu est le plus grand »

3- Se tenir debout dans les prières obligatoires à moins que l'on soit dans l'incapacité de le faire ;

4- La récitation de la *fâtiha* durant chaque unité de prière qu'il s'agisse des prières obligatoires ou surérogatoires ;

5- L'inclination (*ar-rukû'*) ;

6- Se redresser après l'inclination en se tenant droit un laps de temps ;

7- La prosternation ;

8- La position assise entre les deux prosternations ;

9- La dernière posture assise (*al-qu'ûd al-akhîr*) et la lecture du *tashahhud* dans cette posture ;

10- Les salutations finales (*As-Salâm*).

Les actes recommandés de la prière (*sunan as-salât*)

1- Lever les deux mains lorsqu'on prononce la formule de sacralisation (premier *takbîr*) ; avant et après l'inclination (*rukû'*) ; quand on se relève pour faire la troisième unité de prière après avoir effectué le *tashahhud* ;

2- L'invocation du début de prière (*al-istiftâh*) après avoir dit : « Dieu est plus grand » et avant la lecture du Coran ;

3- Poser la main droite sur la main

gauche lorsqu'on récite le Coran en position debout ;

4- Prononcer la formule d'*al-isti'âdha* [en son for intérieur et non à haute voix] ;

5- Dire "Amen" après la récitation de la sourate dite de l'Ouverture (*al-fâti<u>h</u>a*) ;

6- Réciter une sourate ou quelques versets du Coran après la *fâti<u>h</u>a* et ce dans les deux premières unités des prières obligatoires et toutes les unités des prières surérogatoires ;

7- Il est recommandé de rendre sa voix agréable au cours de la lecture du Coran ;

8- Il est recommandé de réciter le Coran à haute voix dans les deux unités de la prière de l'aube et du Vendredi, de même que pendant les deux premières unités de la prière du coucher du soleil (*maghrib*), de la nuit (*'ishâ'*), des deux fêtes (rupture du jeûne et sacrifice), de l'éclipse et de la demande de pluie. A contrario, on récite le Coran à voix basse dans les deux prières de midi (*dhuhr*) et de l'après-midi (*al-'asr*), ainsi que dans la troisième unité de la prière du coucher du soleil et les deux dernières unités de la prière de la nuit ;

9- Dire : « Dieu est le plus grand » en changeant de position au cours de la prière, c'est-à-dire chaque fois qu'on s'incline, qu'on se prosterne, qu'on se relève ou qu'on s'assied ;

10- S'incliner de manière à ce que la tête se trouve sur la même ligne que le postérieur, que les mains soient appuyées sur les genoux, que les bras soient écartés des flancs, que les doigts des mains soient écartés sur les genoux et que le dos soit bien tendu (horizontalement) ;

11- Prononcer la formule suivante lors de l'inclinaison : « Gloire et pureté à mon Seigneur le Sublime » ;

12- En se relevant de l'inclinaison on dit : « Dieu a entendu celui qui L'a loué ». Une fois debout et droit, on dit : « Dieu soit loué » ou bien : « Dieu, notre Seigneur, soit loué ».

13- Pendant la prosternation, toucher le sol du nez, du front et des deux mains, lesquelles doivent être écartées des flancs ;

14- Dire, lors de chaque prosternation : « Gloire à Dieu le Très-Haut » ;

15- Entre les deux prosternations, étant assis, replier le pied gauche sous la cuisse gauche et maintenir le pied droit en position verticale, la partie inférieure des orteils reposant sur le sol ;

16- Réciter l'invocation suivante entre les deux prosternations : « Seigneur ! Pardonne-moi, fais-moi miséricorde, préserve-moi et accorde-moi ma subsistance. »[1] (*Rabbi ghfir lî wa rhamnî wa 'âfinî wa hdinî wa rzuqnî*) ;

17- Réciter, assis, le premier et le deuxième *Tashahhud* ;

18- Lors du dernier *tashahhud*, placer le pied gauche sous la cuisse droite, reposer le séant par terre et reposer la partie inférieure des orteils du pied droit sur le sol. On met la main gauche, doigts tendus, sur la cuisse gauche et la

1 At-Tirmidhî.

main droite (sur la cuisse droite), doigts repliés, sauf l'index qu'on allonge tout en le remuant au moment de réciter le *Tashahhud* ;

19- Invoquer Dieu pendant les prosternations ;

20- Prier sur le Prophète (ﷺ) dans le *Tashahhud* final ;

21- Invoquer Dieu après le dernier *Tashahhud* et avant de prononcer les salutations finales ;

22- Faire des invocations après les salutations finales ;

23- Réciter l'invocation du *qunût* pendant la dernière *rak'a* de la prière du *Subh*, ou dans la prière impaire (*witr*), après avoir récité le Coran, ou après s'être relevé de l'inclinaison ;

24- Récitez des sourates longues dans la prière du matin, des sourates courtes aux prières du *'Asr* et du *Maghrib* et des sourates moyennes aux prières du *'Ishâ'* et du *Dhuhr*.

Comment faire la prière ?

Lorsqu'on réunit les conditions de validité de la prière soulignées précédemment, on fait le second appel à la prière ou l'annonce de la prière (*Iqâma*), lève les bras à la hauteur des épaules, avec l'intention d'accomplir telle ou telle prière et dit : « *Allâhu Akbar* » (Dieu est le plus grand). Ensuite on place les mains sur la poitrine, la droite sur la gauche. Et après avoir prononcé l'invocation d'ouverture, on dit dans la première unité de prière (*rak'a*) seulement cette formule : « *A'ûdhu bi-l-lâhi mina ash-shyatâni ar-rajîm ; bismi al-lâhi ar-rahmâni ar-rahîm* » « Je me mets sous la protection de Dieu contre le démon maudit. Au nom de Dieu Le Miséricordieux par essence et par excellence ». Ensuite on dit à voix basse la formule « *Bismillâh Ar-rahmân Ar-Rahîm* » (au Nom de Dieu le Clément, le Miséricordieux). Puis on récite la *Fâtiha*, et quand on la termine, on dit : *Âmîn*. On récite après cela une autre sourate ou quelques versets. Puis on lève de nouveau les bras à la hauteur des épaules et on s'incline en disant : « *Allâhu Akbar* ». On veille à ce que les mains emboîtent les genoux, et à maintenir le dos bien droit. On doit maintenir la tête dans la même ligne horizontale que le dos, ni levée vers le haut, ni penchée vers le bas. Dans cette position, on prononce trois fois la formule : *Subhâna Rabbiya al-adhîm* (Gloire à Dieu le Plus Grand !)

On se relève de nouveau en disant :

« *Sami'a Allâhu liman hamidah* » (Dieu entend celui qui Le loue). Quand on est bien droit, on dit : « *Rabbanâ laka al-hamd* » (A Toi revient la louange, Notre Seigneur.)

Ensuite on se prosterne en disant : « *Allâhu Akbar* ». On se prosterne si possible, les genoux avant les mains. Sinon il n'y a aucun mal à poser d'abord les mains ; les deux façons étant valables. Sept parties du corps touchent alors le sol : le visage (Front et nez compris), les deux paumes des mains, les deux genoux et les deux pieds. Dans cette position, on dit trois fois voire plus : *Subhâna rabbiya al-a'lâ* (Gloire à Dieu le Très haut). Il est souhaitable, dans cette position, de faire des invocations. Ensuite on se relève en disant : « *Allâhu Akbar* » et on s'assoit sur la jambe gauche repliée en gardant la jambe droite également pliée et les orteils orientés vers la *qibla*. Dans cette position, on dit : « *rabbi ghfir lî wa rhamnî wa 'âfinî wa hdinî wa rzuqnî* » (Seigneur pardonne-moi, accorde-moi Ta miséricorde, mets-moi dans le droit chemin et pourvois-moi.) Puis on se prosterne une seconde fois. On se relève ensuite pour accomplir la deuxième *rak'a* de la même façon que la première. La seconde unité de prière achevée, on s'assoit pour dire le *Tashahhud*.

Si la prière se compose de deux *rak'a*, comme le *Subh*, on récite le *Tashahhud*, prononce les prières dites *ibrâhîmiya* et clôt la prière par les salutations finales : « *Assalâmu 'alaykum wa rahmatullâh* » (À vous le salut et la miséricorde de Dieu) que l'on prononce une première fois en tournant la tête à droite puis une deuxième fois en la tournant à gauche.

Si la prière comprend plus de deux *rak'a*, on se remet debout après le *Tashahhud* en disant : « *Allâhu Akbar* » en levant les bras à la hauteur des épaules. Pendant l'unité ou les unités suivantes on récite uniquement la *Fâtiha*. Quand la prière est terminée, on s'assied en reposant le séant par terre, en repliant la jambe gauche sous le pied droit, et en mettant la face intérieure des orteils du pied droit contre le sol ; on prononce ensuite le *Tashahhud*, puis les prières dites *ibrâhîmiya*, et on implore la protection de Dieu contre les supplices de la Géhenne et de la tombe, les épreuves de la vie et de la mort et la séduction du Faux-Messie (*Al-Masîh Ad-Dajjâl*). On termine par les salutations finales qu'on prononce, à voix audible, une première fois en tournant la tête à droite, puis une deuxième fois en la tournant à gauche.

La formule du *Tashahhud*

Après la deuxième prosternation de la deuxième *rak'a*, alors qu'on est en position assise, on replie le pied gauche sous la cuisse gauche, on maintient le pied droit en position verticale, la partie inférieure des orteils reposant sur le sol. On place sur la cuisse droite la main droite fermée à l'exception de l'index qu'on garde tendu. De même, on place la main gauche sur la cuisse gauche. Et dans cette position on prononce alors la formule suivante appelée « *tashahhud* » :

Première partie

التَّحِيَّاتُ لِلَّهِ وَالصَّلَوَاتُ وَالطَّيِّبَاتُ السَّلَامُ
عَلَيْكَ أَيُّهَا النَّبِيُّ وَرَحْمَةُ اللَّهِ وَبَرَكَاتُهُ السَّلَامُ
عَلَيْنَا وَعَلَى عِبَادِ اللَّهِ الصَّالِحِينَ أَشْهَدُ أَنْ لَا

إِلَهَ إِلَّا اللَّهُ وَأَشْهَدُ أَنَّ مُحَمَّدًا عَبْدُهُ وَرَسُولُهُ

« *At-tahiyyâtu lillâhi wa s-salawâtu wa t-tayyibâtu assalâmu 'alayka ayyuha n-nabiyyu wa rahmatu l-lâhi wa barakâtuhu assalâmu 'alaynâ wa 'alâ 'ibâdi l-lâhi s-sâlihîna ashhadu an lâ ilâha illa l-lâhu wa ashahadu anna Muhammadan 'abduhu wa rasûluh* »

« Les Salutations sont à Dieu, ainsi que les paroles pures et les prières ! Salut à toi, ô Prophète, et que la miséricorde et la bénédiction te soient accordées ; salut à nous et à tous les pieux serviteurs de Dieu. J'atteste qu'il n'y a de dieu que Dieu et que Muhammad est Son serviteur et Son Envoyé ».

Deuxième partie

اللَّهُمَّ صَلِّ عَلَى مُحَمَّدٍ وَعَلَى آلِ مُحَمَّدٍ كَمَا
صَلَّيْتَ عَلَى إِبْرَاهِيمَ وَعَلَى آلِ إِبْرَاهِيمَ وَبَارِكْ
عَلَى مُحَمَّدٍ وَعَلَى آلِ مُحَمَّدٍ كَمَا بَارَكْتَ عَلَى
إِبْرَاهِيمَ وَعَلَى آلِ إِبْرَاهِيمَ إِنَّكَ حَمِيدٌ مَجِيدٌ

« *Allâhumma salli 'alâ Muhammadin wa 'alâ âli Muhammadin kamâ sallayta 'alâ Ibrâhîma wa 'alâ âli Ibrâhîma wa bârik 'alâ Muhammadin wa 'alâ âli Muhammadin kamâ bârakta 'alâ Ibrâhîma wa 'alâ âli Ibrâhîma innaka hamîdun majîd.* »

« Seigneur Dieu, accorde Ta grâce à Muhammad et à la famille de Muhammad comme Tu l'as accordée à Ibrâhîm et à la famille d'Ibrâhîm. Seigneur Dieu, bénis

Mu<u>h</u>ammad et la famille de Mu<u>h</u>ammad comme Tu as béni Ibrâhîm et la famille d'Ibrâhîm, Tu es digne de louange et de glorification. »

L'accomplissement de la prière (avec illustrations)

1- On entame la prière en prononçant à voix haute la formule de sacralisation : « *al-lâhu akbar* » en levant les mains à la hauteur des oreilles.

2- Placer la main droite sur la main gauche et les poser contre la poitrine. Ensuite, réciter la formule d'ouverture, la formule de protection (*isti'âdha*), puis la *fâti<u>h</u>a* et une sourate courte ou quelques versets d'une longue sourate.

3- On dit à nouveau : « *Allâhu akbar* » ; on s'incline jusqu'à toucher les genoux avec les mains. Puis on dit à voix basse : « *Subhâna rabbiyya l-'adhîm* » trois fois.

4- Quand on se relève de l'inclinaison on dit : « *Sami'a l-lâhu liman hamida-hu rabbanâ wa laka al-hamd* »

5- On se prosterne, en posant les paumes des mains au sol et en plaçant le front contre le sol. Les pieds restent en contact avec le sol. Le bout des orteils doit être orienté vers la Ka'ba. On dit : « *Subhâna rabbiya l-a'lâ* » trois fois.

6- On relève la tête et dit : « *Allâhu akbar* » ; on s'assied sur la jambe gauche repliée en gardant la jambe droite également pliée et les orteils orientés vers la *Qibla.* Faire l'invocation suivante :

اللَّهُمَّ اغْفِرْ لِي وَارْحَمْنِي وَاعْفُ عَنِّي وَعَافِنِي وَارْزُقْنِي وَاجْبُرْنِي وَاسْتُرْنِي

« *Allâhumma ghfir lî wa r<u>h</u>amnî wa 'fu 'annî wa 'âfinî wa rzuqnî wa jburnî wa sturnî* ».

« Seigneur Dieu ! Absous-moi, accorde-moi Ta grâce, pardonne-moi, préserve-moi de tout mal, accorde-moi ma subsistance, réconforte-moi et protège-moi ».

7- On se prosterne une deuxième fois et dit trois fois : « *Subhâna rabbiya l-a'lâ* ».

8- Après la deuxième prosternation de la première *rak'a*, on se remet debout en disant : « *Allâhu akbar* », puis on dit : « *bismillâhi r-rahmân r-rahîm* » et récite la *Fâtiha* ainsi que d'autres versets.

9- On dit à nouveau : « *Allâhu akbar* » ; on s'incline jusqu'à toucher les genoux avec les mains. Puis on dit trois fois à voix basse : « *Subhâna rabbiyya l-'adhîm* ».

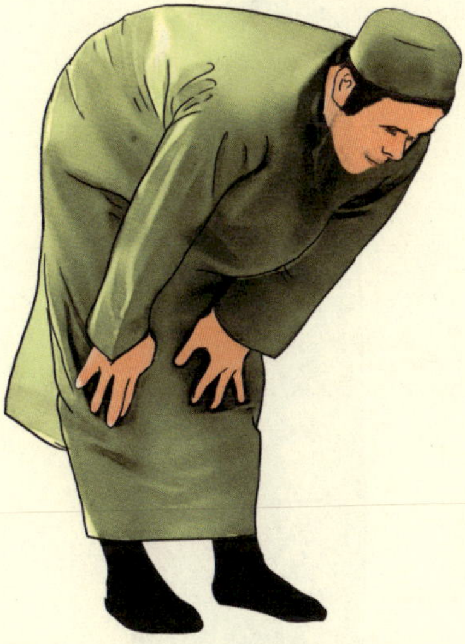

10- Quand on se relève de l'inclinaison on dit : « *Sami'a l-lâhu liman hamidahu rabbanâ wa laka l-hamd* ».

11- On se prosterne, en posant les paumes des mains au sol et en plaçant le front contre le sol. Les pieds restent en contact avec le sol. On oriente le bout des orteils vers la Ka'ba. On dit trois fois : « *Subhâna rabbiya l-a'lâ* ».

12- On relève la tête et dit : « *Allâhu akbar* » ; on s'assied sur la jambe gauche repliée en gardant la jambe droite également pliée et les orteils orientés vers la *Qibla*.

13- On se prosterne une deuxième fois et dit : « *Subhâna rabbiya l-a'lâ* » trois fois. Tout comme dans la première prosternation, on peut faire des invocations. On fait l'invocation récitée lors de la première position assise.

14- Après la deuxième prosternation de

la deuxième *rak'a*, on s'assied en repliant le pied gauche sous la cuisse gauche, le pied droit en position verticale, la partie inférieure des orteils reposant sur le sol. Sur la cuisse droite on place la main droite, et sur la cuisse gauche la main gauche. Dans cette position on prononce la formule dite « *tashahhud* ».

15- Après le *tashahhud* on prononce les salutations finales en tournant la tête à droite puis à gauche et en disant à chaque fois : *Assalâmu 'alaykum wa rahmatu al-lâh*.

Quelques sourates à réciter pendant la prière

سُورَةُ الْفَاتِحَةِ

بِسْمِ اللهِ الرَّحْمَنِ الرَّحِيمِ

الْحَمْدُ للهِ رَبِّ الْعَالَمِينَ

الرَّحْمنِ الرَّحِيمِ

مَالِكِ يَوْمِ الدِّينِ

إِيَّاكَ نَعْبُدُ وإِيَّاكَ نَسْتَعِينُ

اهدِنَا الصِّرَاطَ المُستَقِيمَ

صِرَاطَ الَّذِينَ أنعَمتَ عَلَيهِمْ غَيرِ المَغضُوبِ عَلَيهِمْ وَلاَ الضَّالِّينَ

Sourate Al-Fâtiha

(L'Ouverture)

1. *Au nom de Dieu, le Tout Miséricordieux, le Très Miséricordieux.*

2. *Louange à Dieu, Seigneur de l'univers.*

3. *Le Tout Miséricordieux, le Très Miséricordieux,*

4. *Maître du Jour de la rétribution.*

5. *C'est Toi [Seul] que nous adorons, et c'est Toi [Seul] dont nous implorons secours.*

6. *Guide-nous dans le droit chemin,*

7. *le chemin de ceux que Tu as comblés de bienfaits, non pas de ceux qui ont encouru Ta colère, ni des égarés.*

Bismi l-lâhi r-rahmâni r-rahîm

Al-hamdu li-l-lâhi rabbi l-'âlamîn

Ar-rahmâni r-rahîm

Mâliki yawmi d-dîn

Iyyâka na'budu wa iyyâka nasta'în

Ihdina s-sirâta l-mustaqîm

Sîrâta l-ladhîna an'amta 'alayhim ghayri l-maghdûbi 'alayhim wa la d-dâllîn

سُورَةُ الْكَوْثَرِ

بِسْمِ اللّٰهِ الرَّحْمَنِ الرَّحِيمِ

إِنَّا أَعْطَيْنَاكَ الْكَوْثَرَ

فَصَلِّ لِرَبِّكَ وَانْحَرْ

إِنَّ شَانِئَكَ هُوَ الْأَبْتَرُ

Sourate Al-Kawthar

(L'Abondance)

Au Nom de Dieu le Tout Miséricordieux, le Très Miséricordieux

1. *Nous t'avons certes, accordé l'Abondance.*

2. *Accomplis la prière pour ton Seigneur et sacrifie.*

3. *Celui qui te hait sera, certes, sans postérité.*

Bismi l-lâhi r-raḫmâni r-raḫîm

Innâ a'ṯaynâka l-kawthar

Fa-ṣalli li-rabbika wa nḫar

Inna shâni'aka huwa l-abtar

سُورَةُ الْكَافِرُونَ

بِسْمِ اللهِ الرَّحْمَنِ الرَّحِيمِ

قُلْ يَا أَيُّهَا الْكَافِرُونَ

لَا أَعْبُدُ مَا تَعْبُدُونَ

وَلَا أَنتُمْ عَابِدُونَ مَا أَعْبُدُ

وَلَا أَنَا عَابِدٌ مَّا عَبَدتُّمْ

وَلَا أَنتُمْ عَابِدُونَ مَا أَعْبُدُ

لَكُمْ دِينُكُمْ وَلِيَ دِينِ

Sourate Al-Kâfirûn

(Les Infidèles)

Au Nom de Dieu le Tout Miséricordieux, le Très Miséricordieux

***1.** Dis : « Ô vous les infidèles !*

***2.** Je n'adore pas ce que vous adorez.*

***3.** Et vous n'adorez pas ce que j'adore.*

***4.** Non, je n'adorerai pas ce que vous adorez.*

***5.** Et vous n'adorerez pas ce que j'adore.*

***6.** A vous votre religion, et à moi la mienne. »*

Bismi l-lâhi r-rahmâni r-rahîm

Qul yâ ayyuha l-kâfirûn

Lâ a'budu mâ ta'budûn

Wa lâ antum 'âbidûna mâ a'bud
Wa lâ ana 'âbidun mâ 'abadtum
Wa lâ antum 'âbidûna mâ a'bud
Lakum dînukum wa liya dîn

سُورَةُ النَّصْرِ

بِسْمِ اللهِ الرَّحْمَنِ الرَّحِيمِ

إِذَا جَاءَ نَصْرُ اللَّهِ وَالْفَتْحُ

وَرَأَيْتَ النَّاسَ يَدْخُلُونَ فِي دِينِ اللَّهِ أَفْوَاجًا

فَسَبِّحْ بِحَمْدِ رَبِّكَ وَاسْتَغْفِرْهُ إِنَّهُ كَانَ تَوَّابًا

Sourate An-Nasr

(Le Secours)

Au Nom de Dieu le Tout Miséricordieux,

le Très Miséricordieux

1. *Lorsque viennent le secours de Dieu et la victoire,*

2. *et que tu vois les gens entrer en foule dans la religion de Dieu,*

3. *célèbre alors la louange de Ton Seigneur et implore Son pardon. Car Il est le grand Accueillant au repentir.*

Bismi l-lâhi r-rahmâni r-rahîm

Idhâ jâ'a nasru l-lâhi wa l-fath

Wa ra'ayta n-nâsa yadkhulûna fî dîni l-lâhi afwâjâ

Fa-sabbih bi-hamdi rabbika wa staghfirhu innahu kâna tawwâbâ

سُورَةُ الإِخْلَاصِ

بِسْمِ اللهِ الرَّحْمَنِ الرَّحِيمِ

قُلْ هُوَ اللَّهُ أَحَدٌ

اللَّهُ الصَّمَدُ

لَمْ يَلِدْ وَلَمْ يُولَدْ

وَلَمْ يَكُن لَّهُ كُفُوًا أَحَدٌ

Sourate Al-Ikhlâs

(Le monothéisme pur)

Au Nom de Dieu le Tout Miséricordieux, le Très Miséricordieux

1. *Dis : « Il est Dieu Unique.*

2. *Dieu, Le Seul à être imploré pour ce que nous désirons.*

3. *Il n'a jamais engendré, n'a pas été engendré non plus.*

4. *Et nul n'est égal à Lui. »*

Bismi l-lâhi r-rahmâni r-rahîm

Qul huwa l-lâhu ahad

allâhu s-samad

lam yalid wa lam yûlad

wa lam yakun lahu kufwan ahad.

سُورَةُ الْفَلَقِ

بِسْمِ اللَّهِ الرَّحْمَٰنِ الرَّحِيمِ

قُلْ أَعُوذُ بِرَبِّ الْفَلَقِ

مِن شَرِّ مَا خَلَقَ

وَمِن شَرِّ غَاسِقٍ إِذَا وَقَبَ

وَمِن شَرِّ النَّفَّاثَاتِ فِي الْعُقَدِ

وَمِن شَرِّ حَاسِدٍ إِذَا حَسَدَ

Sourate Al-Falaq

(L'aube naissante)

Au Nom de Dieu le Tout Miséricordieux, le Très Miséricordieux

1. *Dis : « Je cherche protection auprès du Seigneur de l'aube naissante,*

2. *contre le mal des êtres qu'Il a créés,*

3. *contre le mal de l'obscurité quand elle s'approfondit,*

4. contre le mal de celles qui soufflent (les sorcières) sur les nœuds,

5. et contre le mal de l'envieux quand il envie. »

Bismi l-lâhi r-rahmâni r-rahîm

Qul a'ûdhu bi-rabbi l-falaq

min sharri mâ khalaq

wa min sharri ghâsiqin idhâ waqab

wa min sharri n-naffâthâti fî-l-'uqad

wa min sharri hâsidin idhâ hasad.

سُورَةُ النَّاسِ

بِسْمِ اللهِ الرَّحْمَنِ الرَّحِيمِ

قُلْ أَعُوذُ بِرَبِّ النَّاسِ

مَلِكِ النَّاسِ

إِلَهِ النَّاسِ

مِن شَرِّ الْوَسْوَاسِ الْخَنَّاسِ

الَّذِي يُوَسْوِسُ فِي صُدُورِ النَّاسِ مِنَ الْجِنَّةِ وَ النَّاسِ

Sourate An-Nâs
(Les Hommes)

Au Nom de Dieu le Tout Miséricordieux, le Très Miséricordieux

***1.** Dis : « Je cherche protection auprès du Seigneur des hommes.*

***2.** Le Souverain des hommes,*

***3.** Dieu des hommes,*

***4.** contre le mal du tentateur furtif,*

***5.** qui susurre au cœur des hommes,*

***6.** qu'il vienne des djinns ou des humains. »*

Bismi l-lâhi r-raḫmâni r-raḫîm

Qul a'ûdhu bi-rabbi n-nâs

maliki n-nâs

ilâhi n-nâs

min sharri l-waswâsi l-khannâs

l-ladhî yuwaswisu fî ṣudûri n-nâs

mina l-jinnati wa n-nâs.

آية الكرسي

بِسْمِ اللهِ الرَّحْمَنِ الرَّحِيمِ

اللهُ لاَ إِلَـهَ إِلاَّ هُوَ الْحَيُّ الْقَيُّومُ لاَ تَأْخُذُهُ

سِنَةٌ وَلاَ نَوْمٌ لَّهُ مَا فِي السَّمَاوَاتِ وَمَا فِي
الأَرْضِ مَن ذَا الَّذِي يَشْفَعُ عِنْدَهُ إِلاَّ بِإِذْنِهِ
يَعْلَمُ مَا بَيْنَ أَيْدِيهِمْ وَمَا خَلْفَهُمْ وَلاَ
يُحِيطُونَ بِشَيْءٍ مِّنْ عِلْمِهِ إِلاَّ بِمَا شَاء
وَسِعَ كُرْسِيُّهُ السَّمَاوَاتِ وَالأَرْضَ وَلاَ يَؤُودُهُ
حِفْظُهُمَا وَهُوَ الْعَلِيُّ الْعَظِيمُ

Le verset du Trône

Dieu ! Point de divinité à part Lui, le Vivant, Celui qui subsiste par lui-même. Ni somnolence ni sommeil ne Le saisissent. A lui appartient tout ce qui est dans les cieux et sur la terre. Qui peut intercéder auprès de Lui sans Sa permission ? Il sait ce qui est devant et derrière eux. Et, de Sa science, ils n'embrassent que ce qu'Il veut.

Son Trône déborde les cieux et la terre, dont la garde ne Lui pèse en rien. Et Il est le Très Haut, le Très Grand.

Allâhu lâ ilâha illâ huwa l-hayyu l-qayyûm lâ ta'khudhuhu sinatun wa lâ nawmun lahu mâ fî s-samâwâti wa mâ fî-l-ardi man dha l-ladhî yashfa'u 'indahu illâ bi-idhnihi ya'lamu mâ bayna aydîhim wa mâ khalfahum wa lâ yuhîtûna bi-shay'in min 'ilmihi illâ bi-mâ shâ'a wasi'a kursiyyuhu s-samâwâti wa-l-arda wa lâ ya'ûduhu hifdhuhumâ wa huwa l-'aliyyu l-'adhîm.

Aide-mémoire des 5 prières canoniques

Prières	Heure	Rak'a (Unités)	Récitation des sourates	Sourates à réciter
Subh (الصبح)	Aube	2	1ère Rak'a A voix haute 2ème Rak'a A voix haute	1ère Rak'a Al-Fâtiha + une autre sourate 2ème Rak'a Al-Fâtiha + une autre sourate
Dhuhr (الظهر)	Mi-journée	4	A voix basse	1ère et 2ème Rak'a Al-Fâtiha + une autre sourate 3ème et 4ème Rak'a Al-Fâtiha

'Asr (العصر)	Après-midi	4	A voix basse	1ère et 2ème Rak'a Al-Fâtiha + une autre sourate 3ème et 4ème Rak'a Al-Fâtiha
Maghrib (المغرب)	Couchant	3	1ère et 2ème Rak'a A voix haute 3ème Rak'a A voix basse	1ère et 2ème Rak'a Al-Fâtiha + une autre sourate 3ème Rak'a Al-Fâtiha
'Ishâ' (العشاء)	Soir	4	1ère et 2ème Rak'a A voix haute 3ème et 4ème Rak'a A voix basse	1ère et 2ème Rak'a Al-Fâtiha + une autre sourate 3ème et 4ème Rak'a Al-Fâtiha

Le secret de la prière bien accomplie

Le secret de la prière, son esprit, son essence consiste à ce que le serviteur se tourne, en entier, vers Dieu, de tout son être. De même qu'il ne sied pas au serviteur de détourner son visage de la direction vers laquelle il prie, de même, il ne convient pas qu'il détourne son cœur de son Seigneur vers autre chose. Plutôt, il fait de la Ka'ba, la Maison de Dieu, la direction de son visage et de son corps. Quant au Seigneur de la Demeure, Il est la direction de son cœur et de son âme. Si le serviteur se dirige dans sa prière vers Dieu, Dieu se tournera vers lui ; s'il s'en détourne, Dieu se détournera de lui. Comme dit le proverbe : « *Tu récolteras ce que tu sèmes.* »

Se diriger vers Dieu dans la prière comporte trois stations :

1. Le serviteur se tourne vers son cœur pour le réformer et le préserver des maladies des passions, des insufflations sataniques et des idées inopinées qui annulent la récompense découlant de sa prière ou tout au moins la diminuent.

2. Le serviteur se tourne vers Dieu en ayant pleinement conscience qu'il est sous le regard de Son Seigneur, ainsi peut-il L'adorer comme s'il Le voyait.

3. Le serviteur se tourne vers le sens de la Parole de Dieu, ses ramifications et la servitude adorative propre à la prière afin de s'acquitter notamment du recueillement et de la sérénité dont il doit faire preuve en prière.

En réunissant ces trois degrés, le serviteur aura réellement accompli la prière. Et c'est en fonction de cela que

Dieu se tournera vers lui.[1]

Les actes qui invalident la prière

La prière est invalidée et doit être refaite dans les cas suivants :

1-Manger ou boire délibérément pendant la prière ;

2-Rire aux éclats que ce soit de manière délibérée ou non.

3-Prononcer délibérément des paroles qui ne participent pas de la prière ou qui n'ont pas pour but de corriger une erreur de l'imam ;

4-Faire beaucoup de gestes délibérés ;

5-Lorsque l'une des conditions de validité de la prière n'est pas remplie

---

1 Les secrets de la prière, pp.91-92.

ou que l'une de ses obligations n'est pas observée sans excuse valable. C'est le cas, par exemple, lorsque l'orant perd ses ablutions ou se détourne de la *Qibla*, soit sciemment, soit par oubli.

Les actes blâmables dans la prière

-Tripoter son vêtement ou une partie de son corps ou encore déplacer du gravier ou autre chose sauf en cas de besoin ;

-Tourner le visage à droite ou à gauche sans raison utile ;

-Avoir devant soi quelque chose qui absorbe l'attention comme les images, les décorations, etc.

-La prière en présence d'un repas appétissant ou lorsqu'on se retient de faire ses besoins ;

-Fermer ses yeux sans raison ;

-Le bâillement ;

-La prière quand on lutte contre le sommeil ;

-Lever le regard vers le ciel ;

-Craquer les doigts ou les croiser ;

-Mettre la main sur les hanches ou lever un pied et s'appuyer sur un autre sans nécessité aucune

-Retrousser les manches ;

-Faire signe avec les yeux, les sourcils ou la main etc. à moins que ce soit nécessaire ;

-Faire signe des mains lors du salut final ;

-Se couvrir la bouche et déployer son vêtement jusqu'au sol (*as-sadl*) ;

-Faire régulièrement la prière à un endroit fixe de la mosquée ;

-Poser à plat les avant-bras sur le sol lors de la prosternation ;

-Se mettre dans une position accroupie, les fesses sur les talons ;

-Soulever son vêtement au moment de se prosterner ou se draper dans d'amples vêtements au point de ne pas laisser d'accès libre à ses mains ;

-Prier seul dans un rang derrière l'imam.

Les endroits où il est interdit de prier

Il est interdit de prier :

- Dans les cimetières ;

- Dans les églises et les synagogues ;

- Dans les dépotoirs, les abattoirs,

sur la chaussée, dans l'enclos des chameaux, dans les salles de bain, au-dessus de la Ka'ba.

Les autres prières

1-La prière du vendredi

Selon la Tradition, le jour du vendredi est le meilleur jour de la semaine ; le Prophète (ﷺ) a dit : « Parmi vos jours qui ont le plus de mérite, il y a le jour du vendredi ; multipliez les prières sur moi ce jour-là, car vos prières me sont présentées. »[1] ; « Le meilleur jour sur lequel le soleil se soit levé est le vendredi : en ce jour, Adam fut créé, en ce jour il fut introduit en Paradis et en ce jour il en fut chassé. »[2]

---

1 Abû Dâwûd.

2 Muslim.

Ce jour-là le musulman est tenu d'accomplir en groupe à la mosquée la prière dite du Vendredi ; celle-ci compte deux unités. C'est une obligation d'ordre individuel, *fard 'ayn*. Le caractère obligatoire de cette prière trouve son fondement légal dans cette parole de Dieu : « *Ô vous qui avez cru ! Quand on appelle à la prière du jour du Vendredi, accourez à l'évocation de Dieu et laissez tout négoce. Cela est bien meilleur pour vous, si vous saviez !* » (Sourate 62, verset 9).[1]

D'où cette mise en garde de l'Envoyé de Dieu : « Que certaines gens cessent de négliger les (offices du) vendredi, ou bien Dieu apposera un sceau sur leurs

---

1 ﴿يَـٰٓأَيُّهَا ٱلَّذِينَ ءَامَنُوٓا۟ إِذَا نُودِىَ لِلصَّلَوٰةِ مِن يَوْمِ ٱلْجُمُعَةِ فَٱسْعَوْا۟ إِلَىٰ ذِكْرِ ٱللَّهِ وَذَرُوا۟ ٱلْبَيْعَ ۚ ذَٰلِكُمْ خَيْرٌ لَّكُمْ إِن كُنتُمْ تَعْلَمُونَ﴾

cœurs et ils seront (comptés au nombre) des insouciants. »[1]

S'agissant de l'heure de la prière du vendredi, les érudits disent qu'elle est la même que celle de la prière de midi (*Dhuhr*), quand le soleil dépasse le zénith. C'est ce qui ressort du *hadîth* suivant : « Le Prophète (ﷺ) célébrait l'office du vendredi lorsque le soleil avait dépassé le méridien. »[2]

Pour que la prière du vendredi soit valide, il est nécessaire qu'elle soit faite à la mosquée, dans une agglomération rurale ou urbaine ; et un prône doit être prononcé par l'imam.

Mettant en exergue les mérites de la prière du vendredi, le Prophète (ﷺ)

1 Muslim.

2 Al-Bukhârî (904).

dit : « A celui qui s'ablue et fait correctement sa petite ablution, puis se rend (à la prière du) vendredi et écoute (le sermon) en gardant le silence, il (lui) sera pardonné (ce qu'il aura commis) d'un vendredi à l'autre, plus (ce qu'il aura commis) au cours des trois jours suivants. Quiconque joue avec le gravier (lors du sermon) commet une inconvenance. »[1]

Il est recommandé à la personne qui s'apprête à se rendre à la prière du Vendredi de se laver, de mettre des habits propres, et de se parfumer. Le Prophète (ﷺ) dit : « La grande ablution, le jour du vendredi, est obligatoire pour toute personne pubère. »[2] Il est également souhaitable de se rendre tôt à la mosquée, de réciter la sourate La Caverne, de multi-

1 Muslim.

2 Al-Bukhârî.

plier les formules de prière sur l'Envoyé de Dieu (ﷺ) pendant ce jour. A contrario, il est réprouvable, lorsqu'on entre à la mosquée, de se frayer un passage par-dessus les épaules des fidèles assis.

A qui s'impose la prière du vendredi ?

La prière du Vendredi est une obligation pour tout musulman sensé, pubère, n'ayant aucun motif légitime d'empêchement, établi à demeure fixe. Quant aux personnes pour qui elle n'est pas obligatoire, ce sont :

- Les femmes.

- Les enfants.

- Le malade pour qui il est malaisé de se rendre à la mosquée, ou qui redoute l'aggravation de son mal ou le ralentissement de sa guérison. Au malade, s'ajoute toute personne chargée de prendre soin de lui au cas où il ne pourrait se passer de ses services.

2-La prière des deux fêtes de la rupture du jeûne et du sacrifice

Il s'agit d'une *sunna* fortement recommandée, dont le Prophète s'est acquittée régulièrement, et qu'il a ordonné aux hommes et aux femmes d'observer.

L'heure de la prière en ces deux occasions commence dès que le soleil s'élève au-dessus de l'horizon d'environ trois mètres et elle s'étend jusqu'à midi. Il est recommandé de célébrer la prière de la fête du sacrifice le plus tôt possible pour permettre aux gens d'immoler la bête destinée au sacrifice. Il est également recommandé de retarder la prière de la fête de la rupture du jeûne pour laisser aux gens le temps d'acquitter l'aumône spéciale dite de la rupture du jeûne avant la prière.

Bien qu'il soit permis d'accomplir la prière des deux fêtes dans la mosquée, il est préférable de s'en acquitter dans un oratoire en plein air en dehors de la ville à moins qu'il y ait empêchement comme la pluie.

La prière des deux fêtes est célébrée sans *adhân* (appel à la prière) ni *iqâma* (annonce de la prière).

L'Imam accomplit deux *rak'a*. Dans la première, il commence par la *takbîra* de sacralisation, puis récite l'invocation d'ouverture, après cela il effectue sept *takbîra* successives, en levant à chaque fois les mains au niveau des épaules ; les fidèles l'imitent. Ensuite il récite La Liminaire (*al-Fâti<u>h</u>a*) et une autre sourate du Coran. Puis il dit « *Allâhu Akbar* », *s'incline pour le rukû'* et fait la même chose que lors de la prière obligatoire. Ensuite il engage la deuxième *rak'a* en répétant cinq fois « *Allâhu Akbar* » *en levant les mains à chaque takbîra* en plus du *takbîr* qu’il a prononcé lorsqu’il s’est levé à la fin de la première *rak‘a*. De même il place sa main droite sur sa main gauche en dessous de la poitrine entre toutes les *takbîra* et en observant un bref moment de silence.

Lorsque la prière est achevée, il est recommandé à l’imam de prononcer deux sermons dans lesquels il explique aux fidèles les dispositions légales afférentes à l’aumône de la rupture du jeûne ou celles concernant les bêtes à immoler à l’occasion de la fête du Sacrifice. Ces deux sermons sont identiques à ceux de la prière du Vendredi quant aux piliers et conditions, mis à part le fait que les deux sermons du Vendredi débutent par la louange de Dieu et que ceux des deux fêtes débutent par le *takbîr*. Il est recommandé d’assister aux deux sermons.

Il est permis aux enfants de se rendre au lieu de prière le jour de fête, ainsi qu'aux femmes, qu'elles soient vierges ou non, jeunes ou vieilles, indisposées ou non.

Il est recommandé, tant pour l'imâm que pour les fidèles, de se rendre à la prière de la fête par un chemin et d'en revenir par un autre.

3-La prière des éclipses

La prière de l'éclipse est une *sunna* fortement recommandée, aussi bien pour les hommes que pour les femmes. Elle est, de préférence, célébrée en commun, cela n'étant pas une obligation. Cette prière ne comporte ni appel à la prière (*adhân*) ni annonce de celle-ci (*iqâma*). On dit seulement : « *A<u>s</u>-<u>S</u>alâtu Jâmi'a* » : Venez à la prière en commun. Il est recommandé de réciter le Coran à voix inaudible pendant cette prière, mais on ne doit pas faire de sermon.

La prière de l'éclipse consiste en deux *rak'a* comportant chacune deux inclinaisons (*rukû'*) et deux *qiyyâm* (posture debout). Au cours des deux *qiyyâm*, on récite, pendant la première et la seconde unité de prière *Al-Fâti<u>h</u>a* ainsi qu'une sourate longue. Il est recommandé de rester longtemps debout pendant la récitation et d'allonger l'inclinaison et la prosternation.

'Âisha (رضي الله عنها), la femme du Prophète (ﷺ) a rapporté : « Du vivant du Prophète (ﷺ), il y eut une éclipse. Le Prophète (ﷺ) sortit pour se rendre à la mosquée et les fidèles se mirent en rang derrière lui. L'Envoyé de Dieu fit le *takbîr*, récita un long passage (du Coran), fit de nouveau le *takbîr*, accomplit une longue inclinaison, puis il dit : « Dieu entend ceux qui Le louent. » Il se leva ensuite et, sans faire de prosternation, il récita encore un long passage (du Coran), moins long que le premier. Il fit de nouveau le *takbîr*, une longue inclinaison de moindre durée que la première, et dit : « Dieu entend ceux qui Le louent ; et à Toi la louange. » Puis Il se prosterna. Ensuite il répéta, dans un dernier cycle de prière, ce qu'il avait déjà dit. Il acheva ainsi quatre inclinaisons avec quatre prosternations, et le soleil se dégagea avant qu'il ne fût retourné à sa place. Se levant alors, il loua Dieu ainsi qu'il convient et dit : « (Le soleil et la lune) sont deux signes d'entre les signes de Dieu ; ils ne sont pas éclipsés à cause de la vie ou de la mort de quiconque. Quand vous verrez ces astres (éclipsés), réfugiez-vous dans la prière. »[1]

4-La prière de consultation

Il est recommandé au musulman qui veut entreprendre une chose licite, mais qui est indécis, ne sachant si cette chose comporte du bien ou du mal pour lui, d'accomplir une prière de deux unités en dehors des prières obligatoires, puis de faire l'invocation suivante : « Mon Dieu,

1 Al-Bukhârî (1048).

je Te demande de choisir le meilleur parti par Ta science ; je Te demande de prendre (ce meilleur parti) par Ta puissance, enfin je Te demande une part de Tes faveurs immenses. Tu peux tout et je ne puis rien ; Tu sais tout et je ne sais rien, car Toi Tu es le Connaisseur des mystères. Mon Dieu, si Tu sais que de cette affaire il résultera un bien pour moi dans ma religion, dans mon existence et pour mon avenir – ou qu'il dise : pour ma vie présente et à venir – alors concrétise-la et bénis-la pour moi. Si au contraire Tu sais qu'il en résultera pour moi du mal dans ma religion, dans mon existence et pour mon avenir – ou pour ma vie présente et à venir – détourne cela de moi et détourne-m'en. Destine-moi au bien, où qu'il se trouve, et fais ensuite que j'en sois satisfait. » Il ajouta : « Et il expose son affaire. »[1]

5- La prière du malade

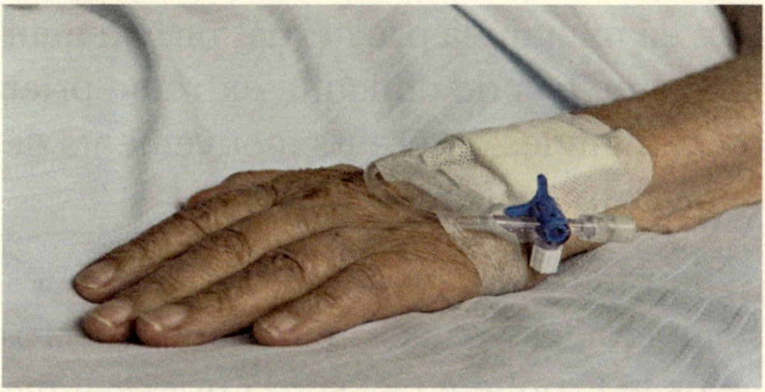

Lorsqu'on est malade et que l'on ne peut prier en position debout lors de la prière canonique on peut prier en étant assis. Si rester assis s'avère pénible, on peut prier en s'allongeant sur le côté droit, le visage tourné vers la *Qibla* ou en s'étendant sur le dos, les pieds étant orientés vers la *Qibla*. On peut ainsi faire

1 Al-Bukhârî (7390).

des signes en remuant légèrement la tête en guise d'inclinaison et de prosternement en veillant à baisser davantage la tête en mimant la prosternation. On peut même en cas de difficulté extrême prier en mimant les différents mouvements de la prière avec les yeux.

'Imrân Ibn Husayn a dit : « J'avais des hémorroïdes ; aussi comme j'interrogeais le Prophète (ﷺ) sur la prière, il me répondit : « Prie debout ; si tu ne le peux pas, prie assis ; si tu ne peux assis, prie sur le côté »[1] Dans une version rapportée par An-Nasâ'î on trouve l'ajout suivant : « Si tu ne le peux pas, prie allongé ».

1 Al-Bukhârî (1117).

6-La prière sur le mort

La prière sur le mort est une obligation à caractère collectif (*fard kifâya*), si un groupe de musulmans s'en acquitte, le reste de la communauté en est dispensé. Elle a été prescrite pour que les fidèles y assistent en nombre et implorent le pardon et la miséricorde de Dieu en faveur du défunt. Qui plus est la présence des croyants lors de cette prière apporte à la famille du mort réconfort et dissipe leur chagrin.

Mérites d'assister à la prière sur le mort, de le faire en grand nombre, de disposer les orants en trois rangs et plus, et du bénéfice qu'en tire le défunt

Le Prophète (ﷺ) a dit : « Quiconque assiste à un enterrement jusqu'à la fin de la prière mortuaire acquiert un *qîrâṯ*, et quiconque assiste jusqu'à la fin de la mise en terre acquiert deux *qîrâṯ*. » Comme on demandait au Prophète (ﷺ) quelle était la valeur de ces deux *qîrâṯ*, il répondit : « Ils équivalent à deux énormes montagnes. »[1]

« Il n'est pas de défunt sur qui un groupe de cent musulmans fait la prière, chacun d'eux intercédant alors en sa faveur, sans que l'intercession de ces der-

1 Al-Bukhârî (1325) et Muslim (945).

niers soit accueillie (par Dieu). »[1]

Quant aux conditions requises pour l'accomplissement de la prière sur le mort, elles sont les mêmes que dans la prière canonique, à savoir : il faut être en état de pureté ; s'orienter vers la Qibla et couvrir ses parties intimes.

Les actes obligatoires de la prière du mort

La prière sur le mort n'est valable que si sont respectés ses actes obligatoires :

1-Formuler l'intention de prier sur le mort ;

2-Se tenir en position debout lorsqu'on est en mesure de le faire ;

3-Prononcer quatre *takbîrât* ;

1 Muslim (947).

4-Réciter la sourate Al-Fâtiha ;

5-Prier sur le Prophète (ﷺ) par le biais des *salawât al-ibrâhîmiya* ;

6-Faire des invocations pour le défunt ;

7-Dire les salutations finales.

Comment prie-t-on sur le mort ?

Le mort est placé face à la *Qibla*. Ensuite l'imam se tient debout au niveau de sa tête et de ses épaules si le défunt est un homme, ou au niveau de sa taille s'il s'agit d'une femme. Les fidèles s'alignent derrière lui. Il dit ensuite quatre fois « *allâhu akbar* » en levant à chaque fois les mains au niveau des oreilles et les priants suivent son exemple.

Après la première *takbîra*, l'imam et les fidèles récitent à voix basse la *Fâtiha*.

Après la deuxième *takbîra*, ils prononcent *as-salawât al-ibrâhîmiya*, c'est-à-dire :

اللَّهُمَّ صَلِّ عَلَى مُحَمَّدٍ وَعَلَى آلِ مُحَمَّدٍ كَمَا
صَلَّيْتَ عَلَى إِبْرَاهِيمَ وَعَلَى آلِ إِبْرَاهِيمَ وَبَارِكْ
عَلَى مُحَمَّدٍ وَعَلَى آلِ مُحَمَّدٍ كَمَا بَارَكْتَ عَلَى
إِبْرَاهِيمَ وَعَلَى آلِ إِبْرَاهِيمَ إِنَّكَ حَمِيدٌ مَجِيدٌ

« Seigneur Dieu, accorde Ta grâce à Muhammad et à la famille de Muhammad comme Tu l'as accordée à Ibrâhîm et à la famille d'Ibrâhîm. Seigneur Dieu, bénis Muhammad et la famille de Muhammad comme Tu as béni Ibrâhîm et la famille d'Ibrâhîm dans les univers, Tu es digne de louange et de glorification. »

Allâhumma salli 'alâ Muhammadin wa

'alâ âli Mu<u>h</u>ammadin kamâ sallayta 'alâ Ibrâhîma wa 'alâ âli Ibrâhîma wa bârik 'alâ Mu<u>h</u>ammadin wa 'alâ âli Mu<u>h</u>ammadin kamâ bârakta 'alâ Ibrâhîma wa 'alâ âli Ibrâhîma innaka <u>h</u>amîdun majîdun

Après la troisième *takbîra*, Ils font l'invocation suivante en faveur du défunt :

اللّهُمّ اغْفِرْ لَهُ وَارْحَمْهُ، وَعَافِهِ وَاعْفُ عَنْهُ، وَأَكْرِمْ نُزُلَهُ، وَوَسِّعْ مَدْخَلَهُ، وَاغْسِلْهُ بِالْمَاءِ وَالثَّلْجِ وَالْبَرَدِ، وَنَقِّهِ مِنَ الْخَطَايَا كَما نَقَّيْتَ الثَّوْبَ الأَبْيَضَ مِنَ الدَّنَسِ، وَأَبْدِلْهُ دَارًا خَيْرًا مِنْ دَارِهِ، وَأَهْلًا خَيْرًا مِنْ أَهْلِهِ، وَزَوْجًا خَيْرًا مِنْ زَوْجِهِ، وَأَدْخِلْهُ الْجَنَّةَ، وَأَعِذْهُ مِنْ عَذَابِ الْقَبْرِ،

أَوْ مِنْ عَذَابِ النَّارِ

« Mon Dieu, pardonne-lui ; fais-lui miséricorde ; préserve-le[1] ; efface ses (fautes) ; fais-lui bon accueil ; élargis l'endroit où il est entré ; lave-le[2] avec l'eau, la neige et la grêle ; débarrasse-le des fautes qui le salissent comme Tu net-toierais un vêtement blanc des saletés qui le souillent ; donne-lui en échange une demeure meilleure que la sienne, une famille meilleure que la sienne, une épouse meilleure que la sienne ; fais-le entrer au Paradis ; préserve-le contre le tourment de la tombe et le châtiment du Feu (infernal). »

Allâhumma ghfir lahu wa rhamhu wa

1 C'est-à-dire : garantis-le de l'épreuve de la tombe.
2 C'est-à-dire : lave ses péchés.

'âfihi wa 'fu 'anhu wa akrim nuzulahu wa wassi' mudkhalahu wa ghsilhu bi-l-mâ'i wa th-thalji wa l-baradi wa naqqihi mina l-khaṯâya kamâ naqqayta th-thawba l-abyaḏ mina d-danasi wa abdilhu dâran khayran min dârihi wa ahlan khayran min ahlihi wa zawjan khayran min zawjihi wa adkhilhu l-jannata wa a'idhu min 'adhâbi l-qabri wa min 'adhâbi n-nâr

Puis on invoque pour soi et les croyants :

اللَّهُمَّ اغْفِرْ لِحَيِّنَا وَمَيِّتِنَا وَصَغِيرِنَا وَكَبِيرِنَا وَذَكَرِنَا وَأُنْثَانَا وَشَاهِدِنَا وَغَائِبِنَا اللَّهُمَّ مَنْ أَحْيَيْتَهُ مِنَّا فَأَحْيِهِ عَلَى الْإِيمَانِ وَمَنْ تَوَفَّيْتَهُ مِنَّا فَتَوَفَّهُ عَلَى الْإِيمَانِ

« Seigneur, pardonne-nous tous, vivants

et défunts, petits et grands, hommes et femmes, présents et absents. Seigneur, fais en sorte que celui que Tu gardes vivant observe la voie de la foi, et que celui que Tu rappelles à Toi meure en ayant la foi. »

Allâhumma ghfir li-ḫayyinâ wa mayyitinâ wa ṣaghîrinâ wa kabîrinâ wa dhakarinâ wa unthânâ wa shâhidinâ wa ghâ'ibinâ allâhumma man aḫyaytahu minnâ fa-aḫyihi 'alâ l-îmâni wa man tawaffaytahu minnâ fa-tawaffahu 'alâ l-îmân

Après la quatrième *takbîra*, on fait cette prière :

اللَّهُمَّ لَا تَحْرِمْنَا أَجْرَهُ وَلَا تَفْتِنَّا بَعْدَهُ وَاغْفِرْ لَنَا وَلَهُ

« Seigneur Dieu ! Ne nous prive pas de

sa récompense, ne nous soumets pas à la tentation après lui et absous-nous et lui ».

Allâhumma lâ ta<u>h</u>rimnâ ajrahu wa lâ taftinnâ ba'dahu wa ghfir lanâ wa lah.

Ensuite l'imam prononce les salutations finales.

Chapitre 4

La *zakât* ou l'impôt social purificateur

Étymologiquement, le terme *zakât* veut dire purification, accroissement et par extension, aumône, redevance sociale et religieuse, contribution par prélèvement sur les biens.[1]

Dans la terminologie des sciences islamiques, le terme *zakât* est utilisé pour désigner le troisième pilier de l'islam. C'est une obligation financière que chaque musulman possédant le seuil minimal doit observer.[2]

La *zakât* est le premier des droits de Dieu sur la richesse. A l'origine, on paie la *zakât* pour se rapprocher de Dieu le Très-Haut, exécuter Son ordre et rechercher la récompense qui en découle. La *zakât* n'est pas un impôt qu'on prélève de force. Celui qui s'acquitte de la *zakât* qui lui incombe contre son gré, par os-

1 Traité moderne de théologie islamique ; Si Hamza Boubakeur ; éditions Maisonneuve & Larose ; p.297

2 La *zakât* sur les salaires, Abdallah Dliouah, éditions Maison d'Ennour, 2012, p.25.

tentation ou pour se vanter de sa grande richesse et rappeler l'aumône qu'il a donnée, ne fait aucun acte d'adoration ; son action n'a aucune valeur. En islam, la *zakât* est une offrande qui repose sur une intention saine. En définitive, on ne s'en acquitte que pour rechercher la Face de Dieu. Elle fait partie des actes vertueux et constitue un pilier de la foi. On attend d'elle que sa collecte participe à cacher la nudité des gens et à les préserver de l'humiliation de la pauvreté.[1]

On trouve dans le Coran plus de quatre-vingt versets qui parlent de la *zakât* et montrent la nécessité de s'en acquitter.

Dieu dit : « *Accomplissez la prière, acquittez l'aumône légale* » (Sourate 2, ver-

1 Ceci est notre religion ; pp.123-125.

set : 43.)[1] ; « *Il n'ont reçu commandement que d'adorer Dieu en Lui vouant un culte sincère, en croyants originels, d'accomplir la prière, d'acquitter l'aumône légale : telle est la religion droite* » (Sourate : 98, verset : 5)[2] ; « *Prélève sur leurs biens une aumône pour les en purifier, les épurer* » (Sourate : 9, verset : 103)[3].

Le Prophète (ﷺ) envoya, dans le Yémen, Mu'âdh en lui disant : « Invite-les à attester qu'il n'y a de dieu que Dieu et que Mu<u>h</u>ammad est l'Envoyé de Dieu ; s'ils obéissent (à cette prescription), annonce-leur que Dieu leur a prescrit

---

1 ﴿وَأَقِيمُوا۟ ٱلصَّلَوٰةَ وَءَاتُوا۟ ٱلزَّكَوٰةَ﴾

2 ﴿وَمَآ أُمِرُوٓا۟ إِلَّا لِيَعْبُدُوا۟ ٱللَّهَ مُخْلِصِينَ لَهُ ٱلدِّينَ حُنَفَآءَ وَيُقِيمُوا۟ ٱلصَّلَوٰةَ وَيُؤْتُوا۟ ٱلزَّكَوٰةَ ۚ وَذَٰلِكَ دِينُ ٱلْقَيِّمَةِ﴾

3 ﴿خُذْ مِنْ أَمْوَٰلِهِمْ صَدَقَةً تُطَهِّرُهُمْ وَتُزَكِّيهِم بِهَا﴾

cinq prières pour chaque jour et nuit. S'ils obéissent (à cette prescription), annonce-leur que Dieu leur impose une aumône qui sera prélevée sur les riches pour être remise aux pauvres. »[1]

Récompenses afférentes à l'acquittement de la *zakât* et sort réservé à celui qui refuse de la donner

Dieu dit : « *Et Ma miséricorde embrasse toute chose. Je la prescrirai à ceux qui (Me) craignent, acquittent la zakât, et ont foi en Nos signes* » (Sourate 7, verset 156)[2], c'est-à-dire selon l'avis de la majorité des érudits, purifient leurs biens en s'acquittant de l'obligation de la *zakât*. Ce terme signifie aussi, d'après Ibn 'Abbâs et Al-Hasan,

1 Al-Bukhârî (1395).

2 ﴿وَرَحْمَتِي وَسِعَتْ كُلَّ شَيْءٍ ۚ فَسَأَكْتُبُهَا لِلَّذِينَ يَتَّقُونَ وَيُؤْتُونَ الزَّكَاةَ وَالَّذِينَ هُم بِآيَاتِنَا يُؤْمِنُونَ﴾

le fait de pratiquer ce qui purifie l'âme.[1]

La *zakât* purifie les biens, atténue l'amour que l'on éprouve pour les biens de ce monde, et empêche l'indigent d'éprouver quelque rancune que ce soit à l'égard de la personne aisée. Qui plus est, la *zakât* accroît les biens notamment par la bénédiction que Dieu y met, et ne les diminue point. Dieu remplace ce que le musulman dépense par une attribution dans ce monde et par une belle récompense dans la vie dernière. Dieu dit : « *Et toute dépense que vous faites [dans le bien], Il la remplace* » (Sourate 34, verset 39).[2]

---

1 *Zâd Al-Masîr fî 'ilm At-Tafsîr*, Ibn Al-Jawzî ; http://www.altafsir.com/Tafasir.asp?tMadhNo=0&tTafsirNo=15&tSoraNo=7&tAyahNo=156&tDisplay=yes&UserProfile=0&LanguageId=1

2 ﴿وَمَآ أَنفَقْتُم مِّن شَيْءٍ فَهُوَ يُخْلِفُهُۥ﴾

Le Prophète (ﷺ) a dit : « Jamais charité n'a signifié diminution des ressources. »[1]

Dans un autre *hadîth* : « Un homme demanda au Prophète (ﷺ) : « Ô Messager de Dieu, qu'en est-il de l'homme qui acquitte l'impôt sur ses biens ? – Celui qui acquitte l'impôt sur ses biens, répondit le Prophète (ﷺ), est un homme qui se prémunit du mal que recèlent ces biens. »[2]

« *À ceux qui thésaurisent l'or et l'argent et ne les dépensent pas dans le sentier de Dieu, annonce un châtiment douloureux, le jour où (ces trésors) seront portés à l'incandescence dans le feu de l'Enfer et qu'ils en seront cautérisés, front, flancs et dos : "Voici ce que vous avez thésaurisé*

1 At-Tirmidhî.

2 At-Tabarânî.

pour vous-mêmes. Goûtez donc ce que vous thésaurisiez." » (Sourate 9, versets 34-35).[1]

L'Envoyé de Dieu (ﷺ) a dit : « Au Jour de la résurrection, tout individu qui aura thésaurisé l'or ou l'argent et n'aura pas payé l'aumône légale qu'il doit à leur sujet, verra étendre en plaques à son attention du métal porté au rouge dans le Feu de la Géhenne, qui lui brûlera les flancs, le front et le dos[2] ; chaque fois que ces plaques refroidiront, elles seront à nouveau portées au rouge. Il en sera ainsi durant un jour qui équivaut à cinquante

---

1 ﴿وَٱلَّذِينَ يَكْنِزُونَ ٱلذَّهَبَ وَٱلْفِضَّةَ وَلَا يُنفِقُونَهَا فِى سَبِيلِ ٱللَّهِ فَبَشِّرْهُم بِعَذَابٍ أَلِيمٍ يَوْمَ يُحْمَىٰ عَلَيْهَا فِى نَارِ جَهَنَّمَ فَتُكْوَىٰ بِهَا جِبَاهُهُمْ وَجُنُوبُهُمْ وَظُهُورُهُمْ ۖ هَٰذَا مَا كَنَزْتُمْ لِأَنفُسِكُمْ فَذُوقُوا۟ مَا كُنتُمْ تَكْنِزُونَ﴾

2 Allusion au verset 35 de la sourate 9.

mille ans, jusqu'à ce il soit jugé entre les hommes et que l'on décide du chemin qu'ils prendront, soit vers le Paradis, soit vers l'Enfer. »[1]

Le statut de celui qui refuse de payer la *zakât*

La *zakât* est une obligation qui fait l'objet d'un consensus de la Communauté. Elle est devenue si notoire qu'elle s'est érigée en une des composantes essentielles de la religion. Tant et si bien que quiconque s'avise d'en nier le caractère normatif est jugé comme étant un apostat ; il peut même risquer sa vie pour impiété, à moins qu'il ne s'agisse d'un novice en Islam, auquel cas on ne lui tiendra pas rigueur, eu égard à sa méconnaissance de la législation musulmane.

1 Al-Bukhârî (1402) et Muslim (987).

Cependant, celui qui se refuse à verser la *zakât* tout en la jugeant obligatoire par conviction, celui-là est considéré comme un pécheur, non comme un apostat.[1]

Quand payer la *zakât* ?

Calculée sur une période d'une année lunaire (calendrier hégirien), la *zakât* sur les biens doit être payée annuellement, et c'est le *nisâb* qui détermine le moment à partir duquel elle doit être acquittée. C'est pourquoi on doit retenir le jour où pour la première fois les biens ont atteint le seuil imposable ou *nisâb*. Ensuite dès que s'écoule une année lunaire, on paye la *zakât* due.

1 *Fiqh As-Sunna*, Sayyid Sâbiq, éditions Maison d'Ennour, tome 1, p.364-365.

Qu'est-ce que le *nisâb* ?

Le *nisâb* est le seuil minimal de l'un des biens concernés par la *zakât* à partir duquel celle-ci devient obligatoire.

Qui doit s'acquitter de la *zakât* ?

La *zakât* est une obligation financière exigée de tout musulman possédant le seuil minimal (*nisâb*) de l'un des biens soumis à cet impôt. Le seuil minimal de ces biens doit répondre aux conditions suivantes :

1- Être excédentaire par rapport aux besoins essentiels de l'individu et de la famille dont il a la charge ;

2- Avoir duré une année lunaire révolue, depuis le jour où l'on dispose de ce seuil minimal. Lequel seuil doit demeurer entier durant toute cette période ; s'il diminue, le compte ne sera repris que le jour où ce minimum sera à nouveau complet.

Les biens soumis à la *zakât*

L'Islam a imposé la *zakât* sur les biens suivants : L'or, l'argent, la monnaie, les récoltes, les cueillettes, les articles de commerce, le bétail, les minerais et les trésors.

1-**L'or** est soumis à la *zakât* quand il atteint une valeur de 85 grammes d'or, soit **2870,55 euros** au 16 décembre 2014.

2-**L'argent** est imposable quand il atteint le poids de cinq onces (évaluées à 595 grammes), soit **251,41 euros** au 16 décembre 2014.

Si l'on possède par devers soi un poids d'or et un poids d'argent, chacun en deçà du minimum imposable, on compte ensemble l'or et l'argent, et on prélève le quart du dixième de chaque espèce, soit 2,5%, si le minimum imposable est atteint ;

3-Le *niṣâb* de **la monnaie** est le même que celui de l'or, c'est-à-dire la valeur de 85 grammes d'or au moment où l'on décide de s'acquitter de la *zakât*.

4-**Les articles de commerce**, quant à eux, sont de deux sortes : des articles vendus chaque jour au taux courant en commerce actif et d'autres stockés en magasin. S'il s'agit de la première catégorie, on évalue les marchandises chaque année. Si leur valeur atteint ou dépasse le seuil imposable, on en acquitte la *zakât*, soit 2,5 %. Si ce montant n'est pas atteint et que l'on possède une somme d'argent, qui ajoutée à ce montant donne une valeur imposable, on en paye la *zakât* également à raison de 2.5 %. Si les articles font partie de la deuxième catégorie, on en verse la *zakât*, à savoir 2.5 % de leur valeur, le jour même où on les vend, même si on les garde des années durant dans l'espoir d'en tirer un plus large profit.

5-Les dettes : Si on est en mesure de recouvrer sa créance, quand on le veut, on est obligé d'ajouter le montant de la créance à la valeur des biens qu'on a par devers soi et de payer la *zakât* sur l'ensemble à la fin de chaque année. Si l'on n'a pas d'autres biens soumis à la *zakât* en dehors de ces dettes et que celles-ci forment un montant imposable, on en verse la *zakât*. Toutefois si le débiteur se trouve confronté à des difficultés financières, et qu'il est impossible de recouvrer la créance quand on le souhaite, on en acquitte la *zakât* pour une seule année, le jour où l'on récupère sa créance, fût-ce après quelques années.

6-**Les trésors enfouis dans le sol** : Qui trouve un trésor antique enfoui dans sa propriété doit en prélever et verser le cinquième de sa valeur.

7-**Les métaux extraits du sol** : S'il s'agit d'une mine d'or ou d'argent, la *zakât* est payée chaque fois que la quantité qui en est extraite atteint une valeur imposable, car il n'est pas nécessaire d'attendre que s'écoule une année.

8-**Les gains produits par le capital** : Lorsque ces gains découlent d'un commerce ou d'un élevage, on compte le capital et les gains et on évalue le montant de la *zakât* après la révolution d'une année depuis qu'est atteint le minimum imposable. A contrario, si ces gains sont issus d'une autre source (héritage ou don), la *zakât* n'est due qu'après une année de l'entrée en possession de ces gains, encore faut-il qu'ils constituent un montant imposable.

9-**La *zakât* sur les fruits et grains** est due lorsque les fruits commencent à prendre une couleur jaune ou rouge, les grains, lorsqu'ils se détachent facilement de leur enveloppe, les olives et les raisins lorsqu'ils mûrissent. Dieu dit : « *Acquittez-en les droits le jour de la récolte.* » (Sourate 6, 141)

Le minimum imposable équivaut à cinq

wasq, c'est-à-dire 60 *s̲â'*, le *s̲â'* étant égal à 4 fois la contenance des deux mains réunies.

Lorsque les fruits et les grains sont arrosés par la pluie ou par des sources d'eau, le taux de la *zakât* équivaut au dixième du produit. L'Envoyé de Dieu (ﷺ) a dit : « On prélève le dixième sur les terres arrosées par l'eau du ciel, par les sources ou par des canaux de dérivation ; et la moitié du dixième sur celles qui seront arrosées par l'eau tirée (artificiellement) du sol. »[1]

10-Les bestiaux. Entendre les chameaux, les bovins, les ovins et les caprins.

Pour les chameaux, le minimum imposable est de 5 têtes. Entre 5 et 9 chameaux, la valeur de la *zakât* est d'un ovin ; entre 10 et 14, deux ovins ; entre 15 et 19, trois

1 Al-Bukhârî et Muslim.

ovins ; entre 20 et 24, quatre ovins ; entre 25 et 35, une chamelle d'un an ; entre 36 et 45, une chamelle de deux ans ; entre 46 et 60, une chamelle de trois ans ; entre 61 et 75, une chamelle de quatre ans ; entre 76 et 90, deux chamelles de deux ans ; enfin entre 91 et 120, deux chamelles de quatre ans. Au-delà, on comptera une chamelle de deux ans pour chaque quarantaine de têtes, et une de trois ans pour chaque cinquantaine.

Le minimum imposable pour les bovins est de 30 têtes. De 30 à 39 têtes, la *zakât* prescrite est d'une génisse d'un an ; de 40 à 59, une génisse de deux ans ; de 60 à 69, deux génisses d'un an ; de 70 à 79, une génisse de deux ans et une d'un an ; de 80 à 89, deux génisses de deux ans ; de 90 à 99, trois génisses d'un an ; de 100 à 109, une génisse de deux ans et deux d'un an ; de 110 à 119, deux génisses de deux ans et une d'un an ; et ainsi de suite, à raison d'une génisse d'un an pour chaque trentaine de tête, et une de deux ans pour chaque quarantaine.

Le minimum imposable pour les ovins et les caprins est de 40 têtes, pour lesquelles le propriétaire doit une tête à titre de *zakât*, et ce jusqu'à 119 têtes. Entre 120 et 199 têtes, il est tenu de deux ovins ; entre 200 et 299 têtes, trois ovins. Au-delà, le taux est d'un ovin pour chaque centaine de têtes. Les caprins peuvent également être donnés à titre de *zakât*. Le caprin donné à titre de *zakât* doit cependant avoir deux ans, contre un an pour les ovins. Les mâles peuvent être donnés à titre de *zakât*, mais la préférence reste aux femelles, si on a le choix.

Par contre il n'est pas exigé de *zakât*

pour les chevaux, les mules et les ânes, dès lors qu'ils ne sont pas utilisés pour des fins commerciales.

Qui bénéficie de la *zakât* ?

La *zakât* est assignée aux huit catégories citées dans le verset suivant : « *Les aumônes sont destinées aux pauvres, aux indigents, à ceux qui sont chargés de les recueillir, à ceux dont les cœurs sont à gagner (à l'Islam), à l'affranchissement des jougs, à ceux qui sont lourdement endettés, [au combat] dans le sentier de Dieu, et au voyageur. C'est un décret de Dieu ! Et Dieu est Omniscient et Sage.* » (Sourate 9, verset 60)[1]

1 ﴿إِنَّمَا ٱلصَّدَقَٰتُ لِلۡفُقَرَآءِ وَٱلۡمَسَٰكِينِ وَٱلۡعَٰمِلِينَ عَلَيۡهَا وَٱلۡمُؤَلَّفَةِ قُلُوبُهُمۡ وَفِي ٱلرِّقَابِ وَٱلۡغَٰرِمِينَ وَفِي سَبِيلِ ٱللَّهِ وَٱبۡنِ ٱلسَّبِيلِۖ فَرِيضَةٗ مِّنَ ٱللَّهِۗ وَٱللَّهُ عَلِيمٌ حَكِيمٞ﴾

Selon les érudits, il suffit de remettre la *zakât* à l'une de ces huit catégories ; toutefois il sied de la donner en priorité à la catégorie qui est le plus dans le besoin. A moins que le montant de la *zakât* soit important, dans ce cas il vaut mieux le distribuer aux huit catégories.

La *zakât al-Fiṯr*

L'aumône légale de la rupture du jeûne du mois de Ramadan est une Sunna fortement recommandée (*mu'akkada*) qui incombe à tout musulman fût-il pauvre. Le musulman doit la donner pour lui-même ainsi que pour ceux qui sont sous sa charge et dont il assure la subsistance, même s'ils sont en bas âge ou qu'ils ne jeûnent pas.

Elle a été prescrite pour purifier l'âme des fautes qui pourraient être commises pendant le mois du Ramadan et des mauvaises paroles proférées. Elle permet également aux pauvres de subvenir à leurs besoins le jour de la fête.

Selon Ibn 'Abbâs : « L'Envoyé de Dieu (ﷺ) a prescrit la *zakât* de la rupture du jeûne de Ramadan pour purifier l'âme du bavardage et des paroles licencieuses et pour combler les besoins des nécessiteux. »[1]

Ibn 'Umar a dit : « L'Envoyé de Dieu (ﷺ) a fixé l'aumône de la rupture du jeûne à une mesure de dattes (*s̲â'*) ou une mesure d'orge. Elle doit être faite par chaque esclave, individu libre, mâle, femelle, jeune et âgé des musulmans. Il a, en outre, ordonné qu'elle soit remise avant que les fidèles ne se rendissent à la prière. »[2]

---

1 Abû Dâwûd, Ibn Mâjah et Al-H̲âkim.

2 Al-Bukhârî.

Le *ṣâ'* est l'équivalent de 4 mesures des deux mains jointes d'un homme d'une taille moyenne. Il a été évalué à 2176 grammes de blé.

Le montant de la *zakât* est fixé en Europe à 5 euros par les institutions musulmanes spécialisées.

Il est possible, selon les érudits, de verser la *zakât al-fiṭr* à partir du 15ème jour de Ramadan et jusqu'au jour de l'Aïd avant le début la prière de *l'Aïd al-fiṭr.* Si le musulman s'en acquitte avant la prière de la fête de la rupture du jeûne du Ramadan, ce sera pour lui une *zakât* ; par contre s'il ne la verse qu'une fois la prière achevée, elle sera comptée comme une aumône ordinaire.

Quant aux personnes qui doivent bénéficier de la *zakât al-fiṭr* elles sont celles-là mêmes nommées par le verset 60 de la sourate 9. Il est cependant préférable de privilégier les pauvres et les indigents pour qu'ils soient en mesure en ce jour de fête de couvrir les dépenses de leurs familles. Un tel choix est en accord avec la recommandation prophétique d'épargner à ces gens de tendre la main à autrui en ce jour de fête.

Les convenances intérieures de la *zakât*

Le musulman qui aspire au salut par ses aumônes se doit de se conformer à un certain nombre de principes dévotionnels :

Le premier consiste à comprendre les raisons faisant de la *zakât* une obligation et le sens de cette obligation. La prétention à l'amour [pour l'Unique] que les serviteurs professent par leur témoignage de l'unicité est donc éprouvé par l'aumône. Lorsqu'ils s'acquittent de celle-ci, ils consentent à céder un peu de cet argent qu'ils prisent et affectionnent.

Le second principe dévotionnel concerne le temps de son exigibilité. La bienséance des gens de religion veut que le fidèle s'acquitte hâtivement de ce devoir pour manifester son désir de se conformer aux ordres et de susciter la joie dans les cœurs des indigents.

Le troisième principe est celui du secret. Pratiquer l'aumône en secret participe davantage à préserver l'individu de l'ostentation et du désir de notoriété.

Le quatrième principe consiste, à l'inverse, à pratiquer l'aumône publiquement pour encourager les gens à suivre son exemple, en veillant à préserver son être intérieur de l'ostentation.

Le cinquième principe consiste à ne pas compromettre le bénéfice de l'aumône en s'en prévalant auprès du bénéficiaire et en lui causant des nuisances en contrepartie.

Le sixième principe consiste à ce que le donneur considère son don insuffisant. Lorsque le fidèle fait grand cas de ce qu'il donne, cela génère en lui un sentiment de suffisance.

Le septième principe consiste à ce que le fidèle choisisse les biens les plus valeureux et les plus appréciables à ses yeux. Parce que Dieu est bon et Il n'agrée que ce qui est bon.

Le huitième principe consiste à ce que le fidèle cherche à faire bénéficier de ses aumônes des gens méritants.[1]

---

1 Les secrets de l'aumône légale et du don charitable ; Al-Ghazâlî, pp.29-53 ; éditions Albouraq, 2014.

Chapitre 5

Le jeûne du mois de Ramadan

Quatrième pilier de l'Islam, le jeûne du mois de Ramadan a été prescrit au mois de Sha'bân de l'an 2 de l'hégire.

Au sens étymologique, le terme *ṣawm*

veut dire s'abstenir. Au sens légal, le *ṣawm* signifie le fait de renoncer, par piété, à tout ce qui est susceptible de rompre le jeûne, du lever de l'aube jusqu'au coucher du soleil. Selon l'imam Al-Ghazâlî, il s'agit là du premier degré du jeûne, celui qu'observe la majorité des musulmans ; le second degré consiste à éviter de pécher par l'un des organes du corps, c'est le jeûne de l'élite ; le troisième degré revient à éloigner le cœur des préoccupations viles, des pensées mondaines et de tout ce qui n'est pas relatif à Dieu ; c'est le jeûne de l'élite de l'élite.

Dans le cheminement et l'évolution spirituels du musulman, qui ont pour finalité de porter celui-ci à la perfection et à l'excellence, le jeûne revêt une très grande importance. Il est un parfait allié de l'homme dans son combat contre les penchants de l'âme ainsi que contre son ennemi déclaré, Satan.

Le jeûne du mois de Ramadan est un mois de purification. Il est un bouclier qui protège le musulman, à court et moyen terme, contre les péchés et les passions, et à long terme contre l'Enfer. Par ailleurs, il affranchit le musulman de la dépendance à toutes sortes de désirs fussent-ils licites.

Le jeûne est un acte d'adoration dont l'objectif consiste en ce que l'homme parvienne à se contrôler, à maîtriser ses passions, à développer sa détermination, à délaisser ce qui lui fait envie et à faire ce à quoi il répugne. Le but du jeûne est de libérer la volonté humaine et de la soumettre aux ordres divins et non aux désirs de l'âme. La libération de la volonté est ce qui permet de distinguer fondamentalement, non pas l'homme libre de l'esclave, mais plutôt l'homme de l'animal.[1]

L'Islam a prescrit le jeûne afin que les hommes s'exercent à guider leurs passions et non à s'y soumettre. Le jeûne est un exercice qui a ses objectifs, un arbre dont on attend les fruits. Le jeûne est une difficulté limitée pour exercer les gens à des valeurs élevées, leur enseigner comment faire le bien et abandonner le mal, comment aimer ce qui est beau et abhorrer ce qui est laid ; ou encore comment concourir à gagner la satisfaction de Dieu et fuir Sa colère. Ce n'est point une lutte obscure contre le corps ; au contraire, c'est un plan très clair pour purifier le cœur, soutenir la foi et escompter [les bienfaits] qu'il y a auprès de Dieu et non

---

1 Ceci est notre religion, pp.117.

ce que l'homme propose.[1]

Dieu dit : « *Vous qui croyez ! On vous a prescrit le jeûne comme on l'a prescrit à ceux qui vous ont précédés, peut-être atteindrez-vous la piété* » (Sourate 2, verset 183)[2]

Commentant ce verset, Ibn Kathîr dit : « S'adressant aux croyants de cette communauté, le Très-Haut leur enjoint de pratiquer le jeûne, qui consiste à s'abstenir de toute nourriture, de toute boisson ainsi que de toute relation sexuelle, avec l'intention sincère d'adorer Dieu – exalté soit-Il –, le jeûne étant ainsi conçu qu'il purifie les âmes, les débarrasse des souillures du vice et du mal. Le Très-Haut

---

1 Ceci est notre religion, pp. 117-119.

2 ﴿يَٰٓأَيُّهَا ٱلَّذِينَ ءَامَنُواْ كُتِبَ عَلَيۡكُمُ ٱلصِّيَامُ كَمَا كُتِبَ عَلَى ٱلَّذِينَ مِن قَبۡلِكُمۡ لَعَلَّكُمۡ تَتَّقُونَ﴾

fait remarquer également que, de même qu'Il a institué cette pratique cultuelle aux croyants, de même Il l'avait prescrite aux peuples d'autrefois. Aussi sont-ils tenus de tirer enseignement de l'exemple de leurs prédécesseurs, et de s'acquitter de cette obligation mieux que ne l'ont fait ceux-ci. (…) C'est que le jeûne, outre son rôle purificateur pour l'âme, dresse des obstacles devant les agissements et les tentations du Diable. »[1]

Aujourd'hui comme hier, sans boire, ni manger, loin des habitudes de la vie quotidienne et de ses plaisirs, les musulmans cherchent à se rapprocher de Dieu. Cette rupture d'un mois par rapport à la normalité est propre, plus que tout autre à développer en eux les aspirations spiri-

---

1 *Sahîh Tafsîr* Ibn Kathîr, pp.157-158 ; éditions Maison d'Ennour, 2014.

tuelles et la vie du cœur.[1]

Mérites du jeûne

L'Envoyé de Dieu (ﷺ) a dit : « Les cinq prières (canoniques), l'office d'un vendredi à l'autre, le jeûne d'un Rama<u>d</u>ân à l'autre, effacent les péchés commis entre deux[2], à condition d'éviter les péchés capitaux. »[3]

Il a également dit : « Dieu a dit : « Toute œuvre accomplie par le fils d'Adam lui sera acquise (dans la mesure qu'il sait), sauf son jeûne, car son jeûne est pour Moi,

1 Tariq Ramadan, http://tariqramadan.com/blog/2013/07/09/jeune-ramadan/

2 Autrement dit : les cinq prières (canoniques) effacent les péchés commis d'une prière à l'autre, la prière du vendredi, ceux commis d'un vendredi à l'autre, et le jeûne de Rama<u>d</u>ân, ceux commis d'un Rama<u>d</u>ân à l'autre.

3 Muslim.

et c'est Moi qui en fixerai la rétribution. Le jeûne est un bouclier. Quand le jour est venu pour l'un de vous de jeûner, qu'il s'abstienne de propos indécents, qu'il ne fasse pas de vacarme. Si quelqu'un l'injurie ou l'attaque, qu'il dise : « Je jeûne. » J'en jure par Celui qui tient l'âme de Muhammad dans Sa main, le relent de la bouche de celui qui jeûne est un parfum plus agréable à Dieu que l'odeur du musc. Celui qui jeûne éprouvera deux joies : il sera heureux quand il rompra le jeûne ; il sera heureux encore de son jeûne quand il rencontrera son Seigneur. »[1]

Dans ce *hadîth*, on voit que Dieu a rattaché le jeûne à Lui-même et n'a pas mentionné la récompense y afférente. L'une des raisons à cela est que le jeûne est, contrairement aux autres pratiques ado-

1 Al-Bukhârî (1894) et Muslim (1151/163).

ratives, un acte intérieur dont Dieu Seul sait s'il est vraiment fait dans le respect de toutes ses règles et en toute sincérité.

L'Envoyé de Dieu (ﷺ) a également dit : « Il y a dans le Paradis une porte qui s'appelle *Ar-Rayyân* ; c'est par elle qu'entreront ceux qui ont jeûné, au Jour de la résurrection ; personne autre qu'eux n'entrera par cette porte. On dira : « Où sont ceux qui ont jeûné ? » Alors ceux-ci se lèveront, et personne autre qu'eux n'entrera par cette porte. Aussitôt qu'ils seront entrés, la porte sera fermée et personne n'entrera plus par là. »[1]

Il a également dit : « Le jeûne est une protection. Que celui qui jeûne ne dise pas de grossièreté et n'agisse pas comme les ignorants. Si quelqu'un l'attaque ou

---

1 Al-Bukhârî (1896) et Muslim (1152).

l'injurie, qu'il dise deux fois : « Je jeûne ». J'en jure par Celui qui tient mon âme entre Ses mains, le relent de la bouche de celui qui jeûne est un parfum plus agréable à Dieu que l'odeur du musc. – Le jeûneur, a dit Dieu, renonce à manger, à boire et à satisfaire ses envies à cause de Moi ; or le jeûne est pour Moi et c'est Moi qui en fixerai la rétribution. »[1]

Les piliers du jeûne du mois de Ramadan

1- S'abstenir de tout ce qui fait rompre le jeûne, depuis la pointe de l'aube jusqu'au coucher du soleil ;

2- Formuler en son for intérieur l'intention de jeûner pour le jeûne obligatoire de Rama<u>d</u>ân. L'intention doit être formulée avant l'aube de chaque jour de Ramadan.

---

1 Al-Bukhârî.

Qui est soumis à l'obligation du jeûne de Ramadân ?

Le jeûne du mois de Ramadan est dû pour tout musulman pubère, doué de raison, ayant la capacité de jeûner et étant résident. S'il s'agit d'une femme elle ne doit avoir ni ses menstrues ni ses lochies.

Quand peut-on ne pas jeûner ?

Il est permis à la personne âgée, au malade chronique, à la personne qui accomplit des travaux pénibles de ne pas jeûner. Ils ne sont pas tenus de réparer par d'autres jours de jeûne les jours rompus, mais ils doivent, en contrepartie, nourrir un pauvre pour chaque jour manqué.

De même la femme enceinte et la nourrice, qui craignent pour leur santé ou celle du fœtus ou du nourrisson, sont autorisées à ne pas jeûner ; elles doivent réparer par d'autres jours les jours manqués. Quant à la compensation, les quatre écoles de droit ont des avis divergents :

-Les hanafites disent qu'elles doivent, en compensation, nourrir un pauvre pour chaque jour manqué ;

-Pour les Shâfi'ites et les Hanbalites la compensation s'impose seulement si elles craignent pour la santé de l'enfant ;

-D'après les Mâlikites, seule la nourrice est astreinte à la compensation.[1]

S'agissant du malade qui a espoir de guérir et du voyageur, ils sont dispensés du jeûne, mais ils sont tenus de s'acquitter des jeûnes de réparation plus tard.

Selon les érudits, la personne qui, bien

1 *Al-Fiqh Al-Islâmî wa adillatuh*, Wahbah Az-Zuhaylî, vol. 2 ; p.647 ; éditions Dâr Al-Fikr, 1996.

portante, craint de tomber malade en raison du jeûne est autorisée à rompre le jeûne. De même, celui qui, accablé par la faim ou la soif, craint de voir sa santé détériorée, peut rompre le jeûne, et réparer plus tard par d'autres jours les jours manqués. Voire il lui est interdit de jeûner s'il craint pour sa vie, Dieu disant : « *Ne vous exposez pas, de vos propres mains, à la perdition* » (Sourate 2, verset 195)[1]

Les actes permis relatifs au jeûne

1- Verser de l'eau sur soi, plonger dans l'eau ou se rincer la bouche lorsque la soif devient accablante ;

2- Appliquer du khôl, mettre du collyre ou toute autre substance au niveau

1 *Al-Fiqh Al-Islâmî wa adillatuh*, p.648.

﴿وَلَا تُلْقُوا۟ بِأَيْدِيكُمْ إِلَى ٱلتَّهْلُكَةِ﴾

des yeux, que l'on en ressente le goût au niveau du gosier ou non, car l'organe de la vue n'est pas une issue directe vers l'estomac ;

3- Donner un baiser, pour celui qui est capable de se maîtriser ;

4- Les injections sous toutes leurs formes, qu'elles servent à nourrir ou répondent à une autre raison, qu'elles soient intraveineuses ou intramusculaires ;

5- Les saignées ;

6- Les gargarismes et l'inspiration de l'eau par le nez, mais il est blâmable d'exagérer ;

7- Avaler sa salive, des particules de poussière, de la farine lors du criblage, des glaires et autres substances du même genre ;

8- Il est permis au jeûneur de boire, de manger et de satisfaire son plaisir charnel jusqu'à la pointe de l'aube ;

9- Il est permis au jeûneur de se réveiller le matin en état d'impureté majeure ;

10- Dans le cas de la femme en état de menstrues ou de lochies, si l'écoulement s'interrompt la nuit, il lui est permis de reporter la grande ablution au lendemain matin, tout en observant le jeûne ;

11- Se servir du *siwâk* pour se nettoyer les dents.

Les causes qui annulent le jeûne

1- Manger ou boire intentionnellement ;

2- Vomir intentionnellement ;

3- Les menstrues et les lochies, même un instant avant le coucher du soleil ;

4- L'émission volontaire de sperme, que ce soit en embrassant sa femme, en la serrant contre soi ou suite à des attouchements ;

5- Absorber par les voies digestives habituelles une substance non nutritive, telle une quantité de sel ;

6- Concevoir l'intention de rompre le jeûne au cours de son observation ;

7- Manger, boire ou accomplir un acte sexuel en croyant que le soleil s'est couché ou que l'aube n'a pas encore point, puis s'apercevoir du contraire ;

8- Le rapport charnel.

Des œuvres louables pendant le jeûne du mois de Ramadan

-Faire la charité ; Ibn 'Abbâs rapporte : « Nul n'était généreux à l'égal de l'Envoyé de Dieu (ﷺ) et cette générosité atteignait son paroxysme durant le mois de Ramadân, à la suite de ses entrevues avec Gabriel qui venait chaque nuit lui enseigner le Coran. A ce moment-là l'Envoyé de Dieu (ﷺ) était plus généreux dans ses faveurs que les vents annonciateurs (de pluie). »[1]

-Prier la nuit ; « Quand la dernière décade (du Ramadân) commençait, le Prophète (ﷺ) vivifiait les nuits[2], tenait tout

1 Al-Bukhârî (6) et Muslim (2307).

2 C'est-à-dire qu'il passait ses nuits en prière.

son monde éveillé et serrait son pagne[1]. »[2]

-Réciter le Coran ;

-Faire une retraite spirituelle ; « Chaque Ramadân, le Prophète (ﷺ) faisait une retraite spirituelle de dix jours. L'année où la mort le ravit, il fit une retraite spirituelle de vingt jours. »[3]

-Accomplir une 'Umra ; l'Envoyé de Dieu (ﷺ) a dit : « Un pèlerinage privé (*'umra*) accompli pendant (le mois de) Ramadân équivaut à un pèlerinage communautaire (*hajj*)[4] – ou (bien il a dit :) à un pèlerinage communautaire accompli

1 Cette expression signifie qu'il s'abstenait de tout commerce charnel avec ses femmes.

2 Al-Bukhârî (2024) et Muslim (1174)

3 Al-Bukhârî (2044).

4 Autrement dit : est comme un *hajj* au point de vue du mérite qu'on en tire.

en ma compagnie. »[1]

Il est recommandé pendant le jeûne de :

-Se hâter de rompre le jeûne dès le coucher du soleil ; l'Envoyé de Dieu (ﷺ) a dit : « Les fidèles ne cesseront de se porter bien[2] tant qu'ils se hâteront de rompre le jeûne. » Dans une variante d'Ahmad (5/146, 172), on trouve cet ajout : « et apporteront du retard au repas du point de l'aube ».

- Rompre le jeûne, avant la prière du *Maghrib* avec des dattes fraîches, sinon avec des dattes sèches, sinon avec de l'eau ; Anas (رضي الله عنه) a dit : « L'Envoyé de Dieu (ﷺ) rompait son jeûne avec des dattes

---

1 Al-Bukhârî (1782) et Muslim (1256/222).

2 Selon une autre interprétation : « ne cesseront d'être dans une bonne voie ».

fraîches et ensuite il priait. S'il n'y avait pas de dattes fraîches, (il rompait son jeûne) avec quelques dattes sèches ; s'il n'y avait pas de dattes sèches, (il rompait son jeûne) avec de l'eau qu'il absorbait par petites gorgées. »[1]

-Invoquer Dieu au moment de rompre le jeûne ; le Prophète (ﷺ) a dit : « L'invocation du jeûneur au moment où il rompt son jeûne n'est pas rejetée »[2]

-Le repas qui précède le point du jour (*Sa<u>h</u>ûr*). L'Envoyé de Dieu (ﷺ) a dit : « Ce qui sépare notre jeûne de celui des gens du Livre[3], c'est le repas qui précède le point du jour. »

---

1 Abû Dâwûd (2356) et At-Tirmidhî (694).

2 Ibn Mâjah.

3 Il s'agit des chrétiens et des juifs.

Chapitre 6

Le pèlerinage

Au sens étymologique, le terme arabe *ḫajj* veut dire se rendre, se diriger, aller vers un lieu. Dans la terminologie islamique, on entend par ce mot le fait de partir exclusivement à La Mecque pour accomplir les rites du pèlerinage tels que prescrits par Dieu.

De l'obligation du pèlerinage et de ses mérites

Le pèlerinage fait partie des choses connues d'une manière sûre et certaine comme un principe de la religion (*ma'lûm mina ad-dîn bi-d-darûra*) ; quiconque renie qu'il ait été prescrit n'est plus un musulman.

Il a été rendu obligatoire en l'an 6 de l'hégire.

Dieu dit : « *Et c'est un devoir envers Dieu pour les gens qui ont les moyens, de faire le pèlerinage à la Maison. Quiconque ne croit pas [doit savoir que], Dieu Se passe largement des mondes.* » (Sourate 3, verset 97).[1]

« On demanda au Prophète (ﷺ) quel était l'acte le plus méritoire : « La foi en Dieu et en Son Envoyé, répondit-il. – Et ensuite ? ajouta-t-on. – Le combat sur le chemin de Dieu. – Et quoi encore après cela ? reprit-on. – Un pèlerinage communautaire (*hajj*) pieusement accompli (*mabrûr*) », répliqua-t-il. »[2]

Abû Hurayra (رضي الله عنه) a dit : « J'ai entendu l'Envoyé de Dieu (ﷺ) prononcer ces paroles : « Celui qui aura fait le pèlerinage communautaire (*hajj*)[3] sans commettre d'actes impudiques, ni de péchés, revien-

---

1 ﴿وَلِلَّهِ عَلَى ٱلنَّاسِ حِجُّ ٱلْبَيْتِ مَنِ ٱسْتَطَاعَ إِلَيْهِ سَبِيلًا ۚ وَمَن كَفَرَ فَإِنَّ ٱللَّهَ غَنِيٌّ عَنِ ٱلْعَٰلَمِينَ﴾

2 Al-Bukhârî (1519) et Muslim (83).

3 Dans une variante de ce *hadîth* on trouve cet ajout : « le pèlerinage pour Dieu ».

dra tel qu'il était le jour où sa mère l'a mis au monde. »[1]

L'Envoyé de Dieu (ﷺ) a dit : « Le pèlerinage privé (*'umra*) expie les péchés commis dans l'intervalle de deux pèlerinages privés ; le pèlerinage communautaire (*hajj*) pieusement accompli n'aura d'autre récompense que le Paradis. »[2]

Tout musulman, homme ou femme, est dès lors tenu, en vertu des Textes et du consensus des savants, d'accomplir le pèlerinage une fois au moins dans sa vie s'il en a la capacité matérielle et physique.

En quoi consiste le pèlerinage ?

Le musulman qui décide d'accomplir le pèlerinage se rend à La Mecque durant

1 Al-Bukhârî (1521) et Muslim (1350).

2 Al-Bukhârî (1773) et Muslim (1349).

la période dédiée à ce rite et pilier de l'Islam ; lorsqu'il arrive au lieu fixé (*mîqât*), il fait une toilette générale[1] et se lave le corps avant d'enfiler l'habit dit d'Ihrâm (sacralisation) composé de deux pièces d'étoffe non cousues. Ensuite il formule l'intention de faire le pèlerinage et proclame la *talbiya*. Lorsqu'il parvient à La Mecque, il se dirige vers la Mosquée Sacrée en vue d'accomplir les sept tournées rituelles d'arrivée ; il fait les sept allers et retours entre les deux monticules appelés As-Safâ et Al-Marwa. Au huitième jour du mois de Dhû Al-Hijja, il prend la direction de Minâ, puis dans la matinée du neuvième jour celle de 'Arafât

1 Entendre : se couper les ongles, se tailler les moustaches, se raser les aisselles, le pubis. Les pèlerins peuvent faire cette toilette et procéder au lavage du corps à l'avance avant de partir de chez eux surtout s'ils doivent voyager en avion.

où il stationne durant l'après-midi. A la tombée de la nuit, il va à Muzdalifa où il prie ensemble le *maghrib* et le *'ishâ'* et reste jusqu'au matin suivant. À Muzdalifa il veillera à ramasser les petites pierres qui lui serviront lors de la lapidation des stèles à Minâ. Le matin il va à Minâ et lapide la stèle d'Al-'Aqaba (ou *al-Jamara al-Kubrâ*). Il peut dès lors raser ou couper ses cheveux, se désacraliser partiellement. Ensuite il rentre à La Mecque et accomplit les tournées rituelles du déferlement (*Ifâda*). Après cela il se désacralise entièrement.

Du sens du pèlerinage

Pour qu'un pèlerinage soit accepté (*maqbûl*) par Dieu, il doit être pieux et pur (*mabrûr*), or ceci dépend bien évidemment de la pureté d'intention du pèlerin. Il importe donc que celui-ci s'imprègne du sens de ce rite et prenne conscience du but qu'il doit chercher à atteindre en l'accomplissant. La mort à ce monde est le premiers sens qui s'impose au sujet du pèlerinage. L'imâm Abû Hâmid Al-Ghazâlî l'a particulièrement développé. Comme celui qui va quitter ce monde, l'homme qui s'apprête à partir pour le pèlerinage à La Mecque règle ses dettes, répare au mieux les injustices qu'il a pu commettre, demande pardon à son entourage et pardonne lui-même à ceux qui l'ont offensé ou lésé. Puis il quitte parents et amis. Sa monture est comme la civière qui le porte à sa tombe. Le lavage (*ghusl*) de la prise d'*ihrâm* est sa toilette mortuaire, le vêtement blanc d'*ihrâm* est son linceul. La longueur du voyage et les difficultés rencontrées sont les épreuves de la tombe. La *talbiya*, « Me voici à Toi, ô mon Dieu, me voici à

Toi », est sa réponse à la trompette du Jour de la Résurrection. Son cœur est empli de crainte. Il recherche l'immunité contre le Feu infernal par le contact avec le mur du *Multazâm*[1] et par la prière au *Maqâm Ibrâhîm* ; le prophète Ibrâhîm qui fut sauvé du feu de Nemrod. Ses allées et venues entre As-Safâ et Al-Marwa, lors du *sa'y*, sont les oscillations de la Balance pesant ses actions. La foule immense assemblée à 'Arafât est celle du Jour du Rassemblement (*Yawm al-Hashr*), du Jour du Jugement, jour brûlant où nulle ombre n'offrira de refuge en dehors de celle se trouvant sous le Trône du Tout-Miséricordieux. Foule de gens humbles venus de tous

1 Partie du mur de la Ka'ba allant de la Pierre noire jusqu'à la porte ; lieu où les demandes sont exaucées, notamment les demandes de pardon, de protection et d'immunité.

les lieux de la terre, vêtus simplement de leur linceul et poussiéreux comme au sortir de la tombe. Tous avouent leurs fautes et supplient leur Seigneur de leur faire miséricorde. Le séjour rituel à Minâ est le moment de la purification des péchés et de la lapidation de Satan qui les inspira. Le sacrifice, enfin, est la rançon au sujet de laquelle l'imâm Al-Ghazâlî dit d'espérer que, pour chaque part de l'animal sacrifié, Dieu affranchira du Feu une « partie » de celui qui en a fait l'offrande.[1]

Les conditions qui rendent obligatoires le pèlerinage

Le pèlerinage est un acte adoratif prescrit par Dieu ; le musulman est tenu de le

1 Guide *H̲ajj* et 'Umra, Yacoub Roty, éditions Maison d'Ennour, 2012 ; pp.19-20.

faire une seule fois dans la vie. L'Envoyé de Dieu (ﷺ) dit : « Ô hommes, Dieu vous a prescrit le pèlerinage communautaire (*<u>h</u>ajj*), alors faites-le. – Chaque année, ô Envoyé de Dieu ? », demanda un homme. Le Prophète (ﷺ) se tut et l'homme réitéra trois fois sa question. Puis l'Envoyé de Dieu (ﷺ) reprit : « Si je répondais par l'affirmative, il serait rendu obligatoire, et vous ne pourriez le faire. »[1] Dans une variante rapportée par d'autres traditionnistes : « Le pèlerinage est obligatoire une seule fois ; qui désire en faire davantage le fera à titre volontaire. »[2]

Pour que le pèlerinage soit obligatoire, il faut satisfaire aux conditions suivantes :

1-Être musulman ;

---

1 Al-Bukhârî (7288) et Muslim (1337).

2 A<u>h</u>mad, Abû Dâwûd, An-Nasâ'î et Al-<u>H</u>âkim.

2-Jouir de ses facultés mentales ;

3-Être pubère ;

4-En avoir la possibilité physique et matérielle.

En sus de ces conditions, il y en a une supplémentaire qui concerne la femme ; celle-ci doit être accompagnée de son mari, d'un proche parent. Elle peut, à défaut, accomplir son pèlerinage avec un groupe de femmes ou d'hommes sûrs et honorables.

Les piliers du pèlerinage (*arkân al-hajj*)

Un pèlerinage dûment accompli est celui où l'on observe ces piliers. Il s'agit de :

1-L'intention de la sacralisation (*ihrâm*),

2- Les sept tours rituels autour de la

Ka'ba (*ṯawâf*),

3- La course entre *Aṣ-Ṣafâ* et *Al-Marwa*,

4- La station à 'Arafât.

Nous allons maintenant parler brièvement des piliers ou *arkân* du *ḫajj* :

1- L'*iḫrâm* ou l'état de sacralité : C'est l'intention de faire le ḫajj ou la 'Umra ou les deux ensemble simultanément ou successivement

Les actes obligatoires (*wâjibât*) de l'*Iḫrâm*

Il s'agit d'actes que le pèlerin doit observer. L'omission d'un acte obligatoire oblige seulement à une réparation expiatoire. Elle n'annule pas le pèlerinage. Voici ci-après les actes obligatoires de l'*iḫrâm*.

-Se mettre en état d'*irhâm* à partir du lieu fixé (*mîqât*). Celui qui prend l'avion, le fera dès que l'avion s'approche du *mîqât*.

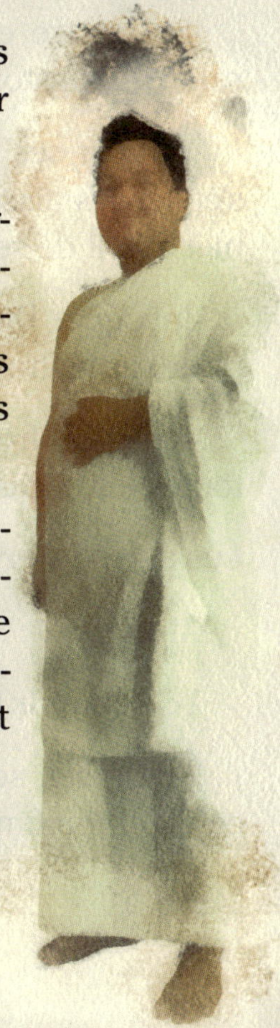

-Ne pas porter des vêtements cousus (pour l'homme).

Le pèlerin ne doit porter ni chemise, ni vêtement, ni turban, ni se couvrir la tête, ni porter des chaussons (*khuff*) ou des chaussures.

La femme n'est pas tenue de changer ses vêtements habituels lorsqu'elle est en état d'*ihrâm*. Son visage et ses mains doivent rester découverts.

-La *Talbiya*.

Il est recommandé de :

-Faire ses grandes ablutions ;

-Se mettre en état d'*ih̲râm* après une prière (obligatoire ou surérogatoire) ;

-Couper ses ongles et ses moustaches, s'épiler les aisselles et le pubis, se parfumer avant de se mettre en état d'*ih̲râm* ;

-Invoquer Dieu après chaque *talbiya* et prier sur le Prophète (ﷺ) ;

-Répéter fréquemment la *Talbiya* à toutes les occasions.

Les actes interdits en état d'*ih̲râm*

Ainsi de :

1-Se couvrir la tête (pour les hommes) ;

2-Se raser, se couper, s'épiler ne serait-ce qu'une infime partie des poils ou des cheveux ;

3-Se couper les ongles des mains ou des pieds ;

4-Se parfumer le corps ou les habits ;

5-Porter des habits cousus (pour les hommes) ;

6-Tuer du gibier ;

7-Commettre l'acte charnel ;

8-Se livrer aux préliminaires du rapport sexuel, tel que donner un baiser et tout ce qui conduit à l'acte charnel ;

9-Conclure un mariage, ou en formuler la demande pour soi ou pour les autres ;

Que faire si on commet l'un de ces interdits ?

1-Si le pèlerin commet l'un des quatre premiers interdits, il devra une *fidya*, c'est-à-dire un rachat :

-Soit il jeûnera 3 jours pendant le pèlerinage en dehors du 10 Dhû Al-Hijja.

-Soit il nourrira six pauvres en donnant à chacun d'entre eux deux *mudd* de nourriture ;

-Soit il fait un sacrifice.

Le Prophète (ﷺ) a dit à Ka'b Ibn 'Ujra : « Jeûne trois jours, ou donne à manger à six pauvres ou immole une victime selon tes moyens. »[1]

2-S'il tue du gibier, il doit s'acquitter

1 Al-Bukhârî (1814-1815).

d'une compensation que son acte soit prémédité ou non.

Dieu dit : « *Vous qui croyez ! Ne tuez pas de gibier pendant que vous êtes en état de sacralisation (ihrâm). Quiconque parmi vous en tue délibérément, qu'il compense alors, soit par quelque bête de troupeau, semblable à ce qu'il a tué, d'après le jugement de deux personnes intègres parmi vous, et cela en offrande qu'il fera parvenir à (destination des pauvres de) la Ka'ba, ou bien par une expiation, en nourrissant des pauvres, ou par l'équivalent en jeûne.* » (Sourate 5, verset 95)[1]

---

1 ﴿يَٰٓأَيُّهَا ٱلَّذِينَ ءَامَنُواْ لَا تَقۡتُلُواْ ٱلصَّيۡدَ وَأَنتُمۡ حُرُمٞۚ وَمَن قَتَلَهُۥ مِنكُم مُّتَعَمِّدٗا فَجَزَآءٞ مِّثۡلُ مَا قَتَلَ مِنَ ٱلنَّعَمِ يَحۡكُمُ بِهِۦ ذَوَا عَدۡلٖ مِّنكُمۡ هَدۡيَۢا بَٰلِغَ ٱلۡكَعۡبَةِ أَوۡ كَفَّٰرَةٞ طَعَامُ مَسَٰكِينَ أَوۡ عَدۡلُ ذَٰلِكَ صِيَامٗا﴾

L'auteur de l'infraction devra au choix : sacrifier un animal dont la valeur est proche de celui tué ; évaluer le gibier tué et en offrir le prix en nourriture aux pauvres ; ou jeûner à raison d'un jour par *mudd* de nourriture due.

3-S'il a commis l'acte charnel avant la station à 'Arafât, son pèlerinage est invalidé, et un sacrifice est exigé, mais il devra continuer son pèlerinage comme à l'ordinaire et refaire plus tard son pèlerinage. Si par contre l'acte advient après 'Arafât, le pèlerinage est valide, mais une compensation de la valeur d'une chamelle est exigée ; s'il n'a pas les moyens il jeûnera dix jours.

4-Pour le reste des infractions, aucune expiation n'est mentionnée dans les Textes. Le pèlerin devra seulement se repentir et demander pardon à Dieu.

2- Le *T̲awâf* (les circumambulations rituelles)

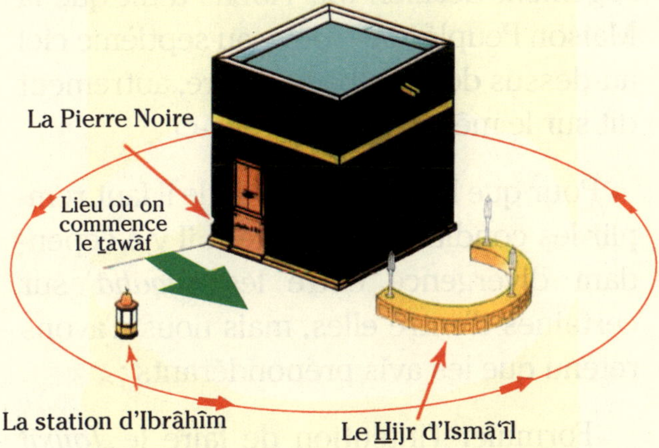

Le *T̲awâf* consiste à tourner sept fois autour de la Ka'ba. Avant d'être prescrit aux hommes sur terre, il fut et est toujours fait au Ciel par les anges, autour de la Maison Peuplée (*Al-bayt Al-Ma'mûr*), sorte de Ka'ba céleste. Selon le *hadîth*, soixante-dix mille anges s'y rendent chaque jour, et n'y reviennent jamais jusqu'au jour du Jugement dernier. Ibn 'Abbâs a dit que la Maison Peuplée se trouve au septième ciel au-dessus de la Ka'ba terrestre, autrement dit sur le même axe que celle-ci.

Pour que le *Tawâf* soit valide il faut remplir les conditions suivantes ; il y a cependant divergence entre les *Fuqahâ'* sur certaines d'entre elles, mais nous n'avons retenu que les avis prépondérants :

-Formuler l'intention de faire le *Tawâf* avant de commencer ;

-Être en état de pureté [mineure et majeure] et être exempt de toute souillure sur le corps ou les vêtements ;

-Couvrir sa nudité ;

-Accomplir le *Ṯawâf* à l'intérieur de l'enceinte de la Mosquée Sacrée, même si on n'est pas proche de la Ka'ba ; An-Nawawî rapporte que les *fuqahâ'* sont unanimes à affirmer que le *Ṯawâf* fait à l'extérieur de la mosquée Sacrée n'est pas valide[1] ;

-Avoir la Ka'ba à sa gauche lorsqu'on fait le *Ṯawâf*, c'est-à-dire tourner dans le sens inverse de l'aiguille d'une montre ;

-Faire sept tours autour de la Ka'ba.

-Chaque tour doit commencer et s'achever à la Pierre Noire ;

-Faire le *Ṯawâf* sans interruption (*al-muwâlât*), sauf en cas de nécessité ;

-Le *Ṯawâf* doit se faire à l'extérieur de la surface dépendant de la Ka'ba, c'est-à-

1 *Matn Al-Îḏâẖ fî Al-Manâsik* ; p.72. éditions Dâr al-Kutub al-'ilmiya, Liban, 1985.

dire le *Shâdharwân* et le *Hijr ;* l'imam An-Nawawî a dit : « La tournée ne compte pas non plus lorsqu'on a marché sur le *Shâdharwân* ou soubassement du sanctuaire, ni lorsqu'on a touché de la main la muraille

du sanctuaire en étendant le bras au-dessus du *Shâdharwân*, ni enfin lorsqu'on a passé chemin faisant par les deux entrées du Hijr. Cependant les savants ne sont pas d'accord quant à l'attouchement de la muraille en question. »[1]

La femme qui a ses menstrues ou ses lochies ne peut faire le *Ṯawâf* ; elle doit attendre d'être en état de pureté ; elle fera alors ses grandes ablutions pour accomplir le *Ṯawâf*. Par contre celle qui est atteinte de métrorragie (*al-Istiẖâḏa*) peut accomplir le *Ṯawâf*.

Les actes recommandés pendant le Ṯawâf

-Veiller à faire face à la Pierre Noire et commencer le *Ṯawâf* à partir d'elle soit en la touchant soit en l'embrassant. S'il est impossible au pèlerin de s'en approcher il la saluera de loin en la montrant du doigt ou en levant la main.

---

1 *Minhâj Aṭ-Ṯâlibîn* ; An-Nawawî ; p.198, éditions Dâr Al-Minhâj, Liban, 2005.

- Toucher de la main l'angle yéménite (angle sud de la Ka'ba).

- Faire les trois premiers tours de la manière appelée *raml*, c'est-à-dire à pas rapprochés mais rapides, tandis que les autres tours se font au pas ordinaire.

- S'envelopper de son *ridâ'* (étoffe) de la manière dite *idtibâ'* durant les trois tours, l'*idtibâ'* consiste à passer le milieu du *ridâ'* sous l'aisselle droite, et de mettre les deux pans sur l'épaule gauche, de sorte que l'épaule droite reste à découvert.

Il est à préciser que la femme n'observe ni le *raml* ni l'*idtibâ'*.

-Lorsqu'on finit les tours, on prie deux unités en se plaçant derrière le Maqâm d'Ibrâhîm.

-Faire des invocations pendant le *Tawâf.*

3- Le *Sa'y* ou la course entre A<u>s</u>-<u>S</u>afâ et Al-Marwa (c.-à-d. les allers et retours entre ces deux monticules)

Pour que le *Sa'y* soit valide il faut :

-L'intention

-Faire le *Sa'y* à la suite du *<u>t</u>awâf* et non avant. Il est préférable de l'accomplir après un *<u>t</u>awâf* obligatoire comme le *<u>t</u>awâf* du *Qudûm* (1er *<u>t</u>awâf* d'arrivée) ou un *<u>t</u>awâf* constitutif (*rukn*) comme le *<u>t</u>awâf* dit de l'*ifâ<u>d</u>a*.

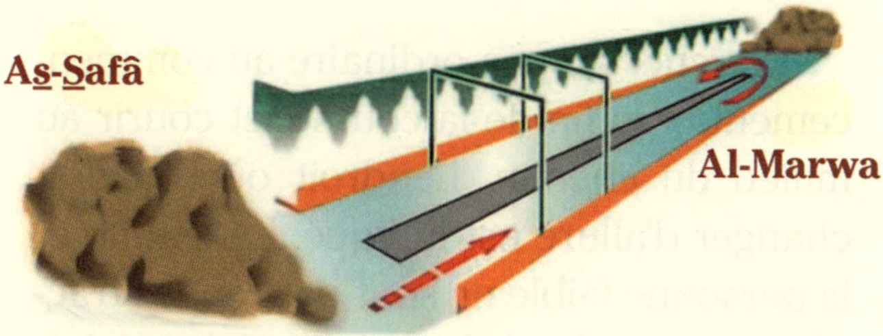

-Le *Sa'y* ne doit pas être interrompu, à

moins qu'il s'agisse d'un arrêt momentané, par nécessité.

-Faire des allers et retours sept fois (Un aller entre A<u>s</u>-<u>S</u>afâ et Al-Marwa compte pour une fois).

-Commencer le *Sa'y* à A<u>s</u>-<u>S</u>afâ.

Des choses recommandées pendant le *Sa'y*

-Être en pureté rituelle.

-Gravir la colline A<u>s</u>-<u>S</u>afâ et celle d'Al-Marwa jusqu'à la hauteur d'une brasse.

-Marcher au pas ordinaire au commencement et la fin de la course, et courir au milieu du chemin. L'endroit où l'on doit changer d'allure est indiqué. La femme et la personne faible ne sont pas tenues d'accélérer le pas là où il est indiqué de le faire.

-Lorsqu'on gravit les deux collines on fait des invocations en veillant à se tourner vers la Ka'ba.

4- Stationner à 'Arafa

Le Prophète (ﷺ) a dit : « Le pèlerinage, c'est 'Arafa ! »[1]

1 Abû Dâwûd.

Les actes obligatoires

-Être présent à 'Arafa durant un moment de l'après-midi du 9 Dhû Al-Hijja jusqu'au coucher du soleil inclus.

-En quittant 'Arafa, passer la nuit du 10 de Dhû Al-Hijja à Muzdalifa.

-Lapider la stèle d'Al-'Aqaba le jour du sacrifice, pendant le 10 de Dhû Al-Hijja.

-Se raser ou se couper les cheveux après la lapidation de la stèle d'Al-'Aqaba.

-Passer trois nuits à Mina : celles du 11, 12 et 13 de Dhû Al-Hijja. Quand on est pressé, on est autorisé à passer deux nuits seulement : celles du 11 et du 12 de Dhû Al-Hijja.

-Lapider les trois stèles dans l'après-midi des jours de Tashrîq - c'est-à-dire les 11, 12, 13 de Dhû Al-H̱ijja ; ou le 11 et le 12 de Dhû Al-H̱ijja pour celui qui est pressé.

Les actes recommandés afférents à la station à ‘Arafa

a) Se rendre à Minâ le 8 de Dhû Al-H̱ijja, appelé le jour de *tarwiya* (abreuvement), y passer la nuit qui précède le 9 de Dhû Al-H̱ijja, et ne repartir que lorsque se lève le soleil du neuvième jour.

b) Se rendre à la mosquée de Namira, l’après-midi du 9 de Dhû Al-H̱ijja et y accomplir les deux prières du *D̲ẖuhr* et du *‘As̱r* que l’on raccourcit et accomplit ensemble.

c) Se rendre, après la prière du *‘As̱r*, à ‘Arafât et y stationner jusqu’au coucher du soleil en rappelant Dieu et en L’invoquant.

d) Retarder la prière du Maghrib jusqu'à l'arrivée à Muzdalifa où l'on accomplit ensemble les deux prières du Maghrib et du *'Ishâ'* au temps légal de cette dernière.

e) S'arrêter au *Mash'ar Al-Harâm* – le Repère Consacré – pour rappeler et invoquer Dieu, face à la *Ka'ba*, jusqu'aux premières lueurs du soleil levant (*isfâr*).

f) Accomplir, dans l'ordre, les actes suivants : La lapidation de la stèle d'Al-'Aqaba, le sacrifice, le rasage et le *Tawâf* de l'*Ifâda* (la visite).

g) Accomplir le Tawâf de l'*Ifâda* le 10 de Dhû Al-Hijja.

Quelle formule choisir pour le pèlerinage ? *ifrâd, tamattu'* ou *qirân* ?

On peut se contenter de faire le *hajj* seul, c'est l'*ifrâd* (pèlerinage simple) ;

On peut aussi faire le *hajj* et la 'Umra, c'est le *qirân* (pèlerinage jumelé). Dans ce cas on ne quitte pas l'*ihrâm* et certains actes qu'on fait comptent à la fois pour le *hajj* et la 'Umra comme l'*ihrâm*, le *Sa'y* et la coupe de cheveux.

On peut enfin faire d'abord la 'Umra. Ensuite on quitte l'*ihrâm*. Arrivés les jours du *Hajj*, on se remet en état d'*ihrâm*. Cette formule est celle appelée le *tamattu'* (pèlerinage de jouissance).

Celui ou celle qui accomplit le pèlerinage en mode *tamattu'* ou *qirân* doit faire une offrande sacrificielle (*hady*) à Minâ : sacrifier une bête.

Comment faire le pèlerinage ?

Celui qui s'apprête à accomplir le pèlerinage doit :

-Couper les ongles et les moustaches, s'épiler ou raser les aisselles et le pubis, faire ses grandes ablutions (avant l'*i<u>h</u>râm*). Même la femme qui est en état de menstrues ou de lochies, et l'enfant feront les grandes ablutions. S'habiller d'un *ridâ'* et d'un *izâr* blancs et propres et porter des sandales (pour les hommes). La femme n'est pas tenue de changer ses habits habituels lorsqu'elle est en état d'*i<u>h</u>râm*. Son visage et ses mains doivent rester découverts.

Au *Mîqât* (l'endroit fixé), il fait une prière surérogatoire ou obligatoire, formule l'intention d'accomplir :

-Soit le pèlerinage seul (*ifrâd*). Il dit : « *Labbayka Allâhumma <u>h</u>ajjah* (Me voici seigneur, me voici pour accomplir un pèlerinage) ».

-Soit le *tamattu‘*, c'est-à-dire accomplir la ‘Umra et la faire suivre d'un pèlerinage. Il dit : « *Labbayka Allâhumma ‘Umra* ».

-Soit la ‘Umra et le pèlerinage en même temps sans se désacraliser (*Qirân*). Il dit : « *Labbayka Allâhumma labbayka hajjah wa ‘Umra* ».

Il est possible aussi de poser cette condition et dire : « Seigneur ! Permets-moi de me désacraliser là où je serai incapable de poursuivre mon pèlerinage. » (*Allâhumma mahillî haythu habastanî*). Ainsi si jamais il a un empêchement, une maladie ou autre, il peut se désacraliser sans être astreint à offrir une compensation.

Le pèlerin ne doit pas cesser de répéter la *Talbiya* à haute voix sans toutefois se donner du mal. La femme n'est pas tenue d'élever la voix. Il lui suffit d'être entendue de sa voisine.

Labbayka l-lâhumma labbayk labbayka lâ sharîka laka labbayk inna l-h̲amda wa n-ni'mata laka wa-l-mulka lâ sharîka laka.

لَبَّيْكَ اللَّهُمَّ لَبَّيْكَ، لَبَّيْكَ لاَ شَرِيكَ لَكَ لَبَّيْكَ،
إِنَّ الْحَمْدَ وَالنِّعْمَةَ لَكَ وَالْمُلْكَ، لاَ شَرِيكَ لَكَ

Après la *Talbiya*, le pèlerin invoque Dieu et prie sur son Prophète (ﷺ). Il renouvelle la *Talbiya* toutes les fois qu'il change de position, tel que monter ou descendre, après les prières, à la rencontre de compagnons de voyage…

Le pèlerin doit retenir sa langue et se focaliser sur l'évocation de Dieu, détourner son regard de ce qui est illicite.

Arrivé à proximité de la Mecque, il est

recommandé de faire ses grandes ablutions, d'entrer à la Mecque par le côté nord et d'accéder à la mosquée sacrée par la porte de Béni Shayba : Bâb As-salâm. En y entrant, le pèlerin dira : « Seigneur prie sur Muhammad. Seigneur ! Ouvre-moi les portes de ta Grâce. »

Allâhumma salli 'alâ Muhammadin wa ftah lî abwâba fadlika.

اللَّهُمَّ صَلِّ عَلَى مُحَمَّدٍ اللَّهُمَّ افْتَحْ لِي أَبْوَابَ فَضْلِكَ

Dès que la Ka'ba apparaît à sa vue, il lèvera les bras et dira : « Seigneur ! C'est Toi la Paix ! De Toi émane la paix, accorde-nous la salutation de la paix. Seigneur ! Accrois la noblesse de cette Maison, sa magnificence, sa vénération, sa dignité, son prestige, et sa vérité [par le pèlerinage]. A celui qui s'y rend (en pèlerin), l'honore et la respecte, confère plus de noblesse, de grandeur, de dignité, de prestige et de piété. A Dieu, Créateur de l'univers, la plus grande louange, tel qu'Il en est digne et comme il sied à Sa noble Face et à Sa Majesté grandiose. Merci à Dieu qui m'a fait parvenir à Sa demeure et m'a jugé digne d'y parvenir. Merci à Lui en tout état de cause. Seigneur ! Tu as invité Tes serviteurs à se rendre en pèlerinage à Ta Maison Sacrée, me voici, Seigneur ! Accepte ma dévotion et pardonne mes péchés. Améliore toute ma situation. Il n'y a de Dieu que Toi.

Allâhumma anta s-salâmu wa minka s-salâmu fa-<u>h</u>ayyinâ rabbanâ bi-s-salâmi allâhumma zid hâdha l-bayta tashrîfan wa ta'<u>dh</u>îman wa takrîman wa mahâbatan wa birran wa zid man sharrafahu wa karrama-

hu mimman hajjahu awi 'tamarahu tashrîfan wa ta'dhîman wa mahâbatan wa birran al-hamdu lillâhi rabbi l-'âlamîna kathîran kamâ huwa ahluhu wa kamâ yanbaghî li-karami wajhihi wa 'izzi jalâlihi wa l-hamdu lillâhi l-ladhî ballaghanî baytahu wa ra'ânî li-dhâlika ahlan wa l-hamdu lillâhi 'alâ kulli hâlin allâhumma innaka da'awta ilâ hajji baytika l-harâmi wa qad ji'tuka li-dhâlika allâhumma taqabbal minnî wa 'fu 'annî wa aslih lî sha'nî kullahu lâ ilâha illâ anta

اللَّهُمَّ أَنْتَ السَّلامُ ، وَمِنْكَ السَّلامُ فَحَيِّنَا رَبَّنَا بِالسَّلامِ . اللَّهُمَّ زِدْ هَذَا البَيْتَ تَشْرِيفًا وَتَعْظِيمًا وَتَكْرِيمًا وَمَهَابَةً وَبِرًّا ، وَزِدْ مَنْ شَرَّفَهُ وَكَرَّمَهُ مِمَّنْ حَجَّهُ أَوْ اعْتَمَرَهُ تَشْرِيفًا وَتَعْظِيمًا وَمَهَابَةً وَبِرًّا ، الحَمْدُ لله رَبِّ العَالَمِينَ كَثيراً، كَمَا هُوَ أَهْلُهُ ، وَكَمَا يَنْبَغِي لِكَرَمِ وَجْهِهِ وَعِزِّ جَلالِهِ ، وَالحَمْدُ لله

الَّذِي بَلَّغَنِي بَيْتَهُ وَرآنِي لِذَلِكَ أَهْلًا ، وَالحَمْدُ للهِ
عَلَى كُلِّ حَالٍ . اللَّهُمَّ إِنَّكَ دَعَوْتَ إلى حَجِّ بَيْتِكَ
الحَرَامِ وَقَدْ جِئْتُكَ لِذَلِكَ . اللَّهُمَّ تَقَبَّلْ مِنِّي وَاعْفُ
عَنِّي ، وأَصْلِحْ لِي شَأْنِي كُلَّهُ . لَا إِلَهَ إِلاَّ أَنْتَ

Le *t̠awâf*

Ensuite, il fait directement le *t̠awâf* du *qudûm* (arrivée) ou celui de la 'Umra (s'il formule l'intention de la faire au moment de l'*ih̲râm* en choisissant la formule *tamattu'* ou *qirân*) en étant dans un état de pureté, le *ridâ'* couvrant l'épaule gauche, puis passé par derrière sous le bras droit et rabattu par devant sur l'épaule gauche.

Il embrasse la Pierre Noire, ou la touche avec la main, ou fait le geste de la toucher, s'il ne peut y arriver. Ensuite, face à la Pierre Noire, il marque un léger arrêt, formule l'intention du *ṯawâf* et dit : « Au Nom de Dieu. Dieu est le Plus Grand. Seigneur ! Je me présente ayant foi en toi, croyant en Ton Livre, remplissant ma promesse envers Toi et me conformant à la Sunna de Ton Envoyé Muẖammad (ﷺ). »

Bismi l-lâhi wa l-lâhu akbaru allâhumma îmânan bika wa tasdîqan bi kitâbika wa wafâ'an bi 'ahdika wa t-tibâ'an li sunnati nabiyyika Muẖammadin

بِسْمِ اللهِ ، واللهُ أَكْبَرُ ، اللَّهُمَّ إِيمَانًا بِكَ وَتَصدِيقًا بِكِتَابِكَ ، وَوَفَاءً بِعَهدِكَ ، وَاتِّبَاعًا لِسُنَّةِ نَبِيِّكَ مُحَمَّدٍ

Il commence alors son *Ṯawâf*, ayant la Ka'ba à sa gauche, hâtant le pas, invoquant ou rappelant Dieu, priant sur Son

Prophète (ﷺ). Quand il arrive à l'angle yéménite, il le touche de la main (sans le baiser). Il termine ainsi la 1ère étape et dit : « Seigneur ! Fais-nous prospérer en cette vie et dans l'autre, et préserve-nous du supplice du feu. »

Rabbanâ 'âtinâ fi d-dunyâ hasanatan wa fi l-'âkhirati hasanatan wa qinâ 'adhâba n-nâr

رَبَّنَا آتِنَا فِي الدُّنيَا حَسنَةً ، وَفِي الْآخِرَةِ حَسنَةً ، وَقِنَا عَذَابَ النَّارِ

Il accomplit de la même manière le 2ème et le 3ème tour. Au 4ème tour et aux suivants, il ralentit le pas et marche normalement. Après le 7ème tour, il va au *Multazam*, endroit situé entre la porte de la Ka'ba et l'angle de la Pierre Noire. Il y fait des invocations ferventes, pleurant humblement.

La Station d'Abraham (*maqâm*)

Ensuite il se dirige vers la Station d'Abraham (*maqâm*) et récite :

« *Adoptez donc pour lieu de prière ce lieu où Abraham se tint debout* »

wa t-takhidhû min maqâmi ibrâhîma muṣallâ

وَاتَّخِذُوْا مِنْ مَّقَامِ إِبْرَاهِيْمَ مُصَلى

Puis il accomplit derrière le maqâm d'Ibrâhîm deux *rak'a* si cela lui est possible, sinon il peut les prier dans n'importe endroit de la mosquée sacrée (*masjid al-ḫarâm*). Il récitera dans la 1ère la *Fâtiḫa* et la sourate 109 (Les Mécréants), et dans la 2ème la *Fâtiḫa* et la sourate 112 (La Foi pure).

La prière terminée, il boit de l'eau de Zam-Zam à satiété. Là, tout en buvant, il invoque Dieu. Il serait indiqué qu'il dise : « Seigneur, Accorde-moi un savoir utile et une subsistance immense et préserve-moi de tout mal. »

Allâhumma innî as'aluka 'ilman nâfi'an wa rizqan wâsi'an wa shifâ'an min kulli dâ'in

اللَّهُمَّ إِنِّي أَسْأَلُكَ عِلْمًا نَافِعًا وَرِزْقًا وَاسِعًا وَشِفَاءً مِنْ كُلِّ دَاءٍ

Il revient de nouveau vers la Pierre Noire pour l'embrasser, ou la toucher de la main, si possible et sans nuire aux autres pèlerins.

Le *Sa'y* entre *As-Safâ et Al-Marwâ*

Le pèlerin commence son parcours d'as-Safâ et le termine à al-Marwa. Puis il va au lieu du *Sa'y* ; lorsqu'il y arrive il récite le verset 158 de la sourate 2 : « *As-Safâ et Al-Marwâ sont vraiment parmi les*

lieux sacrés de Dieu. Donc, quiconque fait le grand pèlerinage à la Maison ou bien le petit pèlerinage ne commet pas de péché en faisant le va-et-vient entre ces deux monts. Quiconque fait de son propre gré une bonne œuvre, alors Dieu est Reconnaissant, Omniscient. »

Inna s-safâ wa l-marwata min sha'â'iri l-lâhi fa-man hajja l-bayta awi 'tamara fa-lâ junâha 'alayhi an yattawwafa bihimâ wa man tatawwa'a khayran fa-inna l-lâha shâkirun 'alîm

إِنَّ الصَّفَا وَالْمَرْوَةَ مِن شَعَآئِرِ اللّهِ فَمَنْ حَجَّ الْبَيْتَ أَوِ اعْتَمَرَ فَلاَ جُنَاحَ عَلَيْهِ أَن يَطَّوَّفَ بِهِمَا وَمَن تَطَوَّعَ خَيْرًا فَإِنَّ اللّهَ شَاكِرٌ عَلِيمٌ

Arrivé à As-Safâ il se place en face de la Ka'ba et dit : « Dieu est le Plus Grand (trois fois). Il n'y a de dieu que Dieu l'Unique sans associé, à Lui la royauté et à Lui la louange et Il est capable de toute chose. Il n'y a de dieu que Dieu, l'Unique. Dieu a tenu Sa promesse, a assisté Son serviteur et mis en fuite les Coalisés à Lui tout seul. »

Allâhu akbaru Allâhu akbaru lâ ilâha illa l-lâhu wahdahu lâ sharîka lahu lahu l-mulku wa lahu l-hamdu wa huwa 'alâ kulli shay'in qadîrun lâ ilâha illa l-lâhu wahdahu sadaqa wa'dahu wa nasara 'abdahu wa hazama l-ahzâba wahdahu

اللهُ أَكْبَرُ اللهُ أَكْبَرُ لَا إِلَهَ إِلَّا اللهُ وَحْدَهُ لَا شَرِيكَ لَهُ، لَهُ الْمُلْكُ وَلَهُ الْحَمْدُ، وَهُوَ عَلَى كُلِّ شَيْءٍ قَدِيرٌ، لَا إِلَهَ إِلَّا اللهُ وَحْدَهُ، صَدَقَ وَعْدَهُ وَنَصَرَ عَبْدَهُ وَهَزَمَ الْأَحْزَابَ وَحْدَهُ

Puis, il implore Dieu de lui accorder ce

qu'il désire, des biens de ce monde et de l'autre. Il quitte ensuite As-Safâ et se dirige vers Al-Marwa, tout en invoquant Dieu le long du parcours qui y mène. Il peut dire :

« Seigneur ! Pardonne-moi et fais-moi miséricorde. Passe outre ce que Tu sais car Tu es le plus Noble et le plus Généreux. »

Rabbi ghfir wa r-rham wa 'fu wa takarram wa tajâwaz 'ammâ ta'lamu innaka anta l-a'azzu l-akramu

رَبِّ اغْفِرْ وَارْحَمْ وَتَجَاوَزْ عَمَّا تَعْلَمُ ، إِنَّكَ أَنْتَ الْأَعَزُّ الْأَكْرَمُ

Au fond de la vallée, délimitée aujourd'hui par les colonnes vertes, le pèlerin accélère sa marche entre les colonnes. Quand il les dépasse, il reprend sa marche normale, invoquant Dieu et priant sur Son

Prophète tout au long du trajet. Arrivé au monticule Al-Marwa, il le gravit et dit la même chose que ce qu'il avait dit lorsqu'il était sur As-Safâ. Il reprend la marche dans la vallée, dans la direction du monticule As-Safâ, jusqu'à ce qu'il l'atteigne. Il le gravit, invoque Dieu, puis reprend sa marche vers Al-Marwa, et ainsi de suite jusqu'à ce qu'il ait parcouru sept fois la distance entre les deux monticules ; il s'arrête en tout quatre fois à As-Safâ et trois fois à Al-Marwa.

S'il s'agit seulement d'une 'umra, le pèlerin se fait couper les cheveux après le *Sa'y* et se désacralise. Sa 'umra est alors terminée ; celle-ci l'est aussi si le pèlerin procède au *tamattu'*.

Mais le pèlerin qui accomplit seulement le grand pèlerinage (*ifrâd*), ou celui qui accomplit simultanément le pèlerinage et la 'Umra sans se désacraliser (*qirân*), ceux-là n'ont pas à se raser après le *Sa'y*. Ils doivent rester en état d'*I̲hrâm* jusqu'à ce qu'ils stationnent à 'Arafât et lapident la stèle d'Al-'Aqaba le 10 de Dhû Al-H̲ijja. Ce n'est qu'à ce moment qu'ils peuvent se désacraliser.

Le 8 de Dhû Al-H̲ijja ou le début des actes du *h̲ajj* (*Yawm at-tarwiya*)

Le pèlerin qui fait le *tamattu'* et qui s'est désacralisé, se sacralise à nouveau avec l'intention d'accomplir le pèlerinage. Le pèlerin (la femme même si elle a ses menstrues ou ses lochies) fait ses grandes ablutions, parfume son corps et non ses habits d'*ih̲râm*. Celui qui avait gardé son *ih̲râm*, savoir le *mufrid* ou le *qârin* et qui aurait amené avec lui une offrande sacrificielle doit demeurer en état d'*ih̲râm* jusqu'à ce qu'il stationne à 'Arafât et lapide la stèle d'Al-'Aqaba le jour du Sacrifice ; il pourra alors se désacraliser. S'il n'a pas amené d'offrande sacrificielle il peut transformer son pèlerinage en 'Umra et se désacraliser.

Le pèlerin se rend le matin du 8 de Dhû Al-Hijja à Minâ, sans omettre de prononcer la *Talbiya*. Il y passe le 8 de Dhû Al-Hijja et la veille du 9 pour y accomplir cinq prières rituelles.

La station à 'Arafa

Le jour de 'Arafa, le 9 de Dhû Al-Hijja, après le lever du soleil, le pèlerin quitte

Minâ et se rend à Namira. Il y reste jusqu'à midi, fait ses grandes ablutions et rejoint la mosquée où le Prophète (ﷺ) fit ses prières. Il y accomplit, avec l'imam, dans le temps de la prière du *Dhuhr*, les deux prières du *Dhuhr* et du *'Asr*, toutes deux réunies et raccourcies. Ensuite, le pèlerin se rend à 'Arafât. Il y stationne à n'importe quel endroit. Il serait bon de prendre place près des rochers qui se trouvent au pied du mont Ar-Rahma, où stationna le Prophète (ﷺ). On peut se tenir assis, debout ou à dos de monture. On prie et implore Dieu jusqu'à ce que le soleil se couche et que s'écoule une légère partie de la nuit. Le pèlerin peut faire les invocations suivantes :

« Il n'y a de dieu que Dieu l'Unique sans associé, à Lui la royauté et à Lui la louange et Il est capable de toute chose. »

Lâ ilâha illa l-lâhu wa<u>h</u>dahu lâ sharîka lahu lahu l-mulku wa lahu l-<u>h</u>amdu wa huwa 'alâ kulli shay'in qadîrun

لَا إِلَهَ إِلا اللَّهُ وَحْدَهُ لا شَرِيكَ لَهُ ، لَهُ الْمُلْكُ وَلَهُ الْحَمْدُ ، يُحْيِي وَيُمِيتُ وَهُوَ عَلَى كُلِّ شَيْءٍ قَدِيرٌ

« Seigneur ! À Toi la louange comme nous la prononçons et bien mieux que nous puissions le faire. À Toi Seigneur ma prière, mes actes de dévotion, ma vie et ma mort sont consacrés. Mon issue est vers Toi ainsi que mon patrimoine. Seigneur ! Préserve-moi du châtiment de la tombe, des troubles de la poitrine. Seigneur ! Je Te demande de m'accorder les bienfaits de ce vent, le bien qu'il contient et je me réfugie auprès de Toi contre les méfaits de ce vent, contre le mal qu'il contient. »

Allâhumma laka l-hamdu ka-l-ladhî naqûlu wa khayran mimmâ naqûlu allâhumma laka salâtî wa nusukî wa mahyâya wa mamâtî wa ilayka ma'âbî wa laka wa turâthî allâhumma innî a'ûdhu bika min 'adhâbi l-qabri wa fitnati s-sadri allâhumma innî as'aluka min khayri r-rîhi wa mâ tajî'u bihi r-rîhu wa a'ûdhu bika min sharri r-rîhi wa mâ tajî'u bihi r-rîhu

اللَّهُمَّ لَكَ الْحَمْدُ كَالَّذِي نَقُولُ وَخَيْرٌ مِمَّا نَقُولُ ، اللَّهُمَّ لَكَ صَلَاتِي وَنُسُكِي وَمَحْيَايَ وَمَمَاتِي وَإِلَيْكَ مَآلِي وَتُرَاثِي ، اللَّهُمَّ إِنِّي أَعُوذُ بِكَ مِنْ عَذَابِ الْقَبْرِ ، وَمِنْ فِتْنَةِ الصَّدْرِ ، اللَّهُمَّ إِنِّي أَسْأَلُكَ مِنْ خَيْرِ الرِّيحِ ، وَمَا تَجِيءُ

بِهِ الرِّيحُ ، وَأَعُوذُ بِكَ مِنَ شَرِّ الرِّيحِ ، وَمَا تَجِيءُ بِهِ الرِّيحُ

« Seigneur, accorde-nous une belle part ici-bas et une belle part dans l'au-delà et préserve-nous du châtiment de l'enfer. »

Rabbanâ âtinâ fi d-dunyâ hasanatan wa fi l-âkhirati hasanatan wa qinâ 'adhâba n-nâri

رَبَّنَا آتِنَا فِي الدُّنيَا حَسنَةً ، وَفِي الآخِرَةِ حَسنَةً ، وَقِنَا عَذَابَ النَّارِ

Le départ pour Muzdalifa

À ce moment, le pèlerin se dirige calmement vers Muzdalifa par le chemin des deux cols. Dès son arrivée, le pèlerin accomplit ensemble les prières du *Maghrib* et du *'ishâ'* dans le temps légal du *'ishâ'*. Il passe la nuit à Muzdalifa à n'importe quel endroit. Il est recommandé de stationner à l'endroit appelé *Al-Mash'ar Al-Harâm* (Le Repère Consacré).

La lapidation des stèles (*Ramy al-jamarât*)

Lorsque l'aube du 10ème jour de Dhû Al-Hijja se lève et avant que n'apparaisse le soleil, le pèlerin ramasse sept cailloux pour lapider la stèle d'Al-'Aqaba. Il se dirige vers Minâ, en répétant la *Talbiya*. En passant, sur son chemin, par la vallée de Muhassir, il excite sa monture sur une distance égale à celle parcourue par une pierre qu'on lance. Quand il arrive à Minâ, il va directement à la stèle d'Al-'Aqaba (ou *al-Jamara al-Kubrâ*) pour la lapider avec sept cailloux. Il lève le bras droit à chaque fois qu'il s'apprête à lancer un caillou et dit : *Allâhu Akbar.* Il peut aussi faire cette invocation : « Seigneur ! Fais que ce pèlerinage soit pur, cette course agréée, ce péché recouvert du pardon. »

Allâhumma j'alhu hajjan mabrûran wa sa'yan mashkûran wa dhanban maghfûran

اللّٰهُمَّ اجْعَلْهُ حَجًّا مَبْرُوراً وَسَعْياً مَشْكُوراً وَذَنْباً مَغْفُوراً

Celui qui doit faire une offrande sacrificielle (*hady*) (il s'agit du *mutamatti'* et du *qârin*) sacrifie une bête ; il l'égorge lui-même, s'il en est capable, sinon il charge un autre de le faire à sa place. Le pèlerin peut immoler là où il veut à Minâ.

Ceci fait, le pèlerin se rase les cheveux ou les coupe. Mais le rasage est préférable. Quant à la femme, elle n'est pas tenue de se raser les cheveux, mais uniquement d'en tailler un petit bout.

Arrivé à ce stade, le pèlerin se désacralise partiellement (*tahallul asghar*) et tout ce qui lui était interdit lui devient permis sauf le rapport sexuel.

Il peut ainsi : se couvrir la tête et reprendre ses habits habituels. Après cela, il rentre à la Mecque pour faire le *tawâf al-ifâda*, qui est l'un des quatre piliers du pèlerinage. Il se rend à la Ka'ba en état de pureté rituelle et accomplit le *tawaf al-ifâda* (déferlement), qui est identique au *tawâf* du *Qudûm* (arrivée). Seulement, il n'est pas tenu de porter son *ridâ'* comme il l'avait fait au début, ni de hâter le pas durant les trois premiers tours du *tawâf.*

Après les sept tournées, le pèlerin accomplit deux *rak'a* derrière la station d'Abraham. Si le pèlerin est *mufrid* ou *qârin* et qu'il a déjà fait le *Sa'y* (course entre As-Safâ et Al-Marwa) avec le *tawâf* du *qudûm*, il n'est pas tenu de le refaire. Mais s'il est *mutamatti'* (accomplit successivement le pèlerinage et la 'Umra) et se désacralise entre les deux pèlerinages (*hajj* et *'umra*), il doit refaire le *Sa'y*. Quand il termine le *Sa'y*, le pèlerin se désacralise complètement et tout ce qui lui était interdit à cause de la sacralisation devient permis.

Le jour même, il retourne à Minâ et y passe la nuit. Le lendemain, 11 de Dhû Al-Hijja, il lapide, dans l'après-midi, les trois Stèles. Il commence par la première qui se trouve près de la mosquée de Khîf. Il la lapide avec sept cailloux, l'un après l'autre, accompagnant chaque jet de caillou de la formule : « *Allâhu Akbar* ». Il s'écarte ensuite un peu, se tourne vers la *Qibla* pour prier et invoquer Dieu suivant ce que Dieu lui inspire à ce moment-là. Il avance ensuite vers la deuxième stèle et la lapide elle aussi avec sept cailloux. Puis, il s'en écarte, se place en face de la *Qibla* pour prier Dieu et invoquer. Enfin il avance vers la troisième stèle pour la lapider avec sept cailloux accompagnant chaque jet en disant : « *Allâhu Akbar* », mais ne fera pas d'invocation. Le lendemain, 12 de Dhû Al-Hijja, dans l'après- midi, il revient lapider les stèles une nouvelle fois en procédant de la même façon que la veille. Ensuite, s'il est pressé de rentrer chez lui, il retourne à la Mecque avant le coucher du soleil. S'il ne l'est pas, il passe la nuit à Minâ et, le lendemain après-midi, lapide encore une fois les stèles, avant de regagner la Mecque.

Quand il se décide à partir, il effectue le *Tawâf* d'adieu (*tawâf al-wadâ'*), fait deux *rak'a* derrière la station d'Abraham, et reprend le chemin du retour en disant : « Il n'est de dieu que Dieu Seul, sans associé. A Lui la royauté ; à Lui la louange et Il est Tout-puissant. Il n'est de dieu que Dieu Seul. Il a tenu Sa promesse ; Il a secouru Son serviteur ; Il a défait les Coalisés à Lui seul. »

Lâ ilâha illa l-lâhu wahdahu lâ sharîka lahu lahu l-mulku wa lahu l-hamdu wa huwa 'alâ kulli shay'in qadîrun Lâ ilâha illa l-lâhu sadaqa wa'dahu wa nasara 'abdahu wa hazama l-ahzâba wahdah

لَا إِلَٰهَ إِلَّا اللهُ وَحْدَهُ لَا شَرِيكَ لَهُ ، لَهُ الْمُلْكُ

وَلَهُ الْحَمْدُ ، وَهُوَ عَلَى كُلِّ شَيْءٍ قَدِيرٌ ، لا إِلَهَ إِلَّا
اللهُ وَحْدَهُ ، صَدَقَ وَعْدَهُ ونَصَرَ عَبْدَهُ وَهزَمَ
الْأَحْزَابَ وَحْدَهُ

Bibliographie

Al-Fiqh Al-Islâmî wa adillatuh, Wahbah Az-Zuhaylî ; éditions Dâr Al-Fikr, 1996

Al-Islâm, Sa'îd Hawwâ ; éditions Dâr As-Salâm, Egypte, 2011

Arkân Al-Islâm, Al-Qahtânî ; éditions wizârat ash-Shu'ûn al-islâmiya wa ad-da'wa wa al-irshâd

Ceci est notre religion ; éditions Maison d'Ennour, 2015

Enseignement de la prière, Muhammad As-Sawâf ; éditions Maison d'Ennour, 2013

Fiqh As-Sunna, Sayyid Sâbiq ; éditions Maison d'Ennour, 2007

Guide Hajj et 'Umra, Yacoub Roty ; éditions Maison d'Ennour, 2012

Hujjat Allâh Al-Bâligha, Shâh Waliy Allâh Ad-Dahlawî ; éditions Dâr Al-Jîl, Liban, 2005.

Islam, la voie naturelle, Abdulwahid Hamid ; éditions Tawhid, 2011

La foi du Musulman, Muhammad Al-Ghazâlî ; éditions Maison d'Ennour, 2014

La voie du musulman, Abû Bakr Jâbir Al-Jazâ'irî ; éditions Maison d'Ennour, 2014

La zakât sur les salaires, Abdallah Dliouah, éditions Maison d'Ennour, 2012

Les secrets de l'aumône légale et du don charitable ; Abû Hâmid Al-Ghazâlî ; éditions Albouraq, 2014

Les secrets de la prière , Ibn Qayyim Al-Jawziya ; éditions Sana, 2013

Matn Al-Îdâh fî Al-Manâsik, An-Nawawî ; éditions Dâr al-Kutub al-'ilmiya, Liban, 1985

Minhâj At-Tâlibîn, An-Nawawî ; éditions Dâr al-Minhâj, Liban, 2005

Rûh As-Salât, 'Afîf Tabbâra, éditions Dâr al-'ilm li-l-malâyîn, 2003

Sahîh Tafsîr Ibn Kathîr ; éditions Maison

d'Ennour, 2014

Tafsîr At-Tabarî, traduit par Pierre Godé ; éditions d'art Les Heures Claires, Paris, 1984

Traité moderne de théologie islamique ; Si Hamza Boubakeur ; éditions Maisonneuve & Larose

Autres ressources

L'attestation de foi islamique, Daniel Youssof Leclercq ;http://integritydyl.wordpress.com/2014/06/08/lattestation-de-foi-islamique/#_ftn3

Zâd Al-Masîr fî 'ilm At-Tafsîr, Ibn Al-Jawzî http://www.altafsir.com/Tafasir.asp?tMadhNo=0&tTafsirNo=15&tSoraNo=7&tAyahNo=156&tDisplay=yes&UserProfile=0&LanguageId=1

Tariq Ramadan, http://tariqramadan.com/blog/2013/07/09/jeune-ramadan/

Index

A

B

D

G

H

I

J

M

P

Q

S

U

W

Y

Table des matières